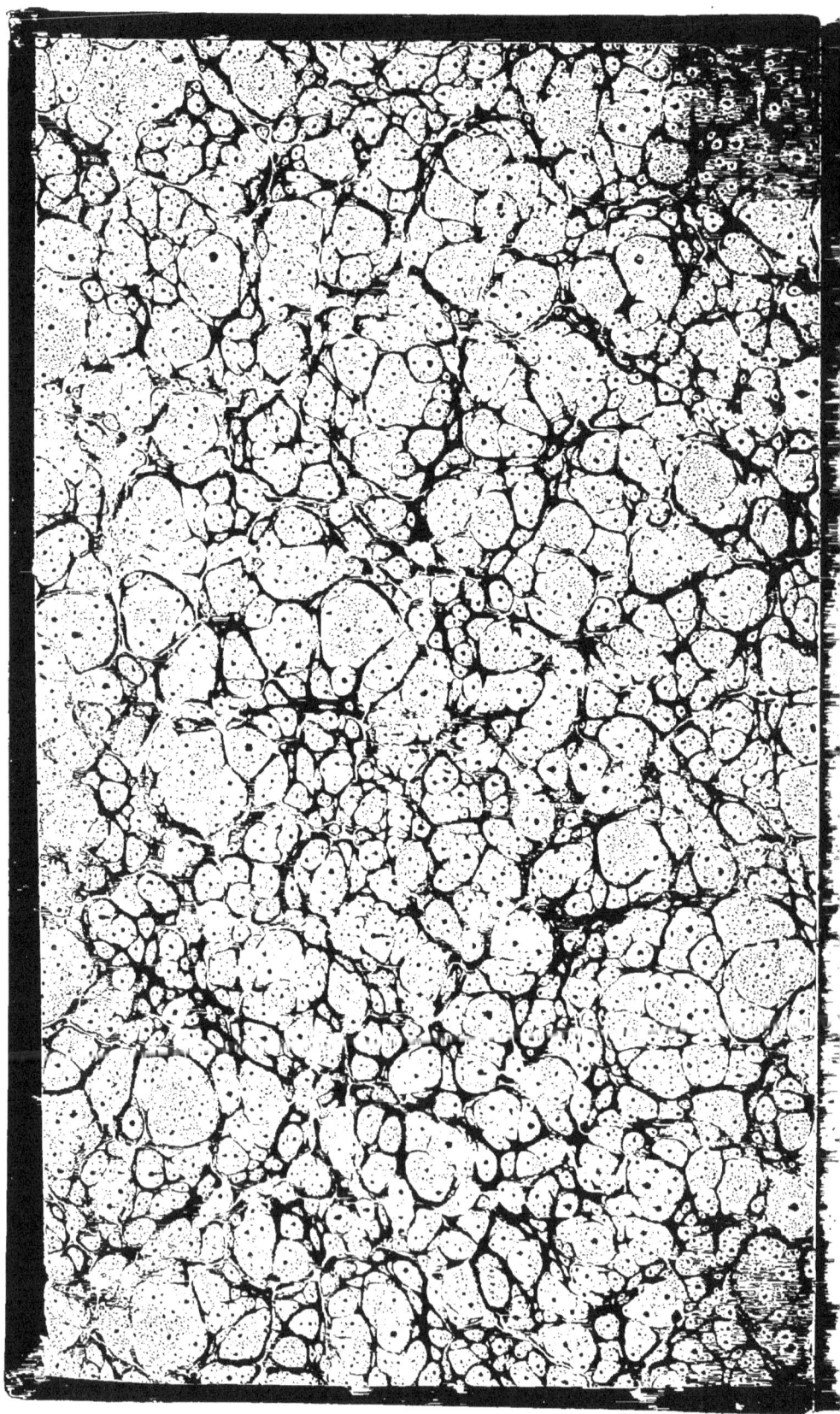

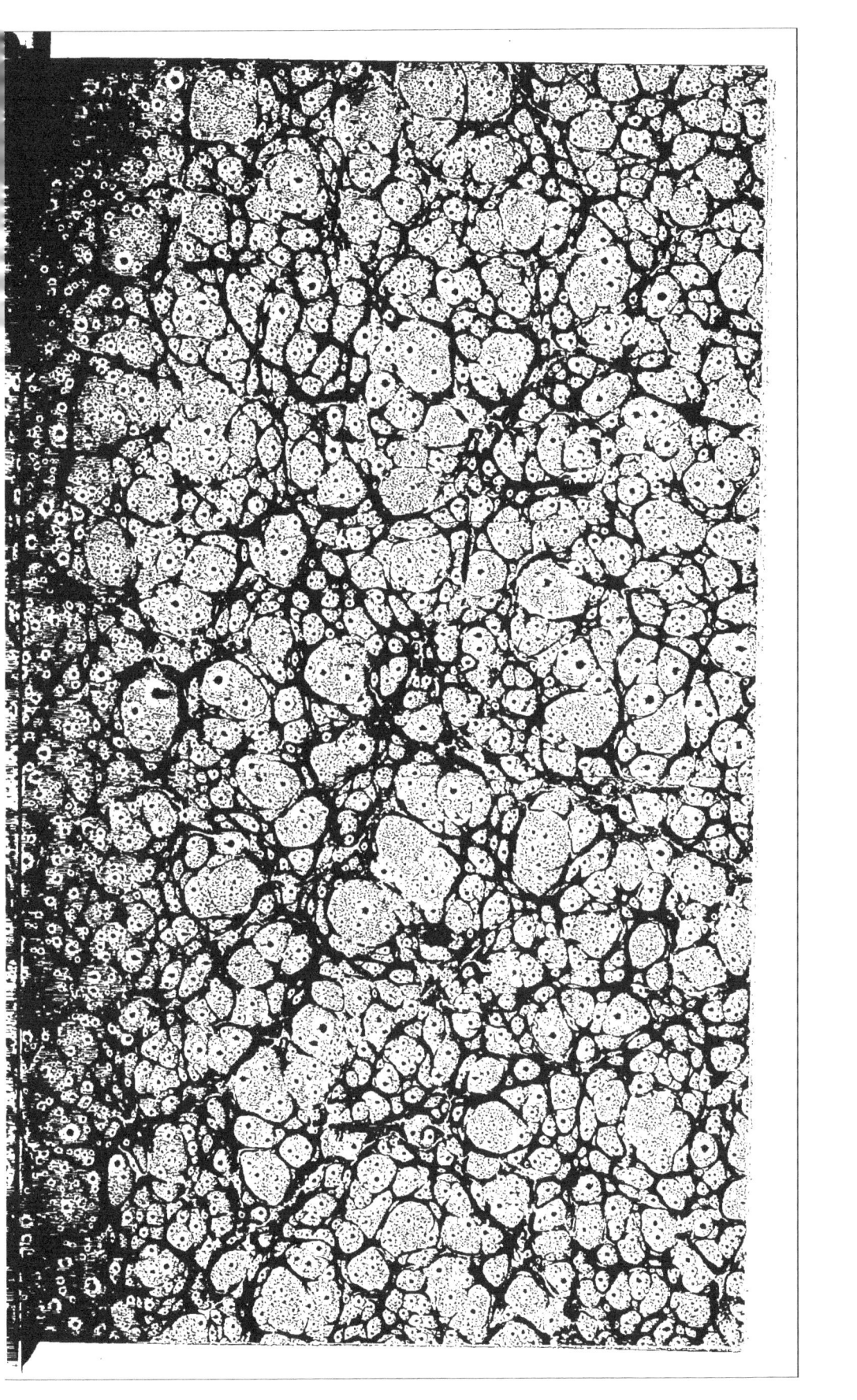

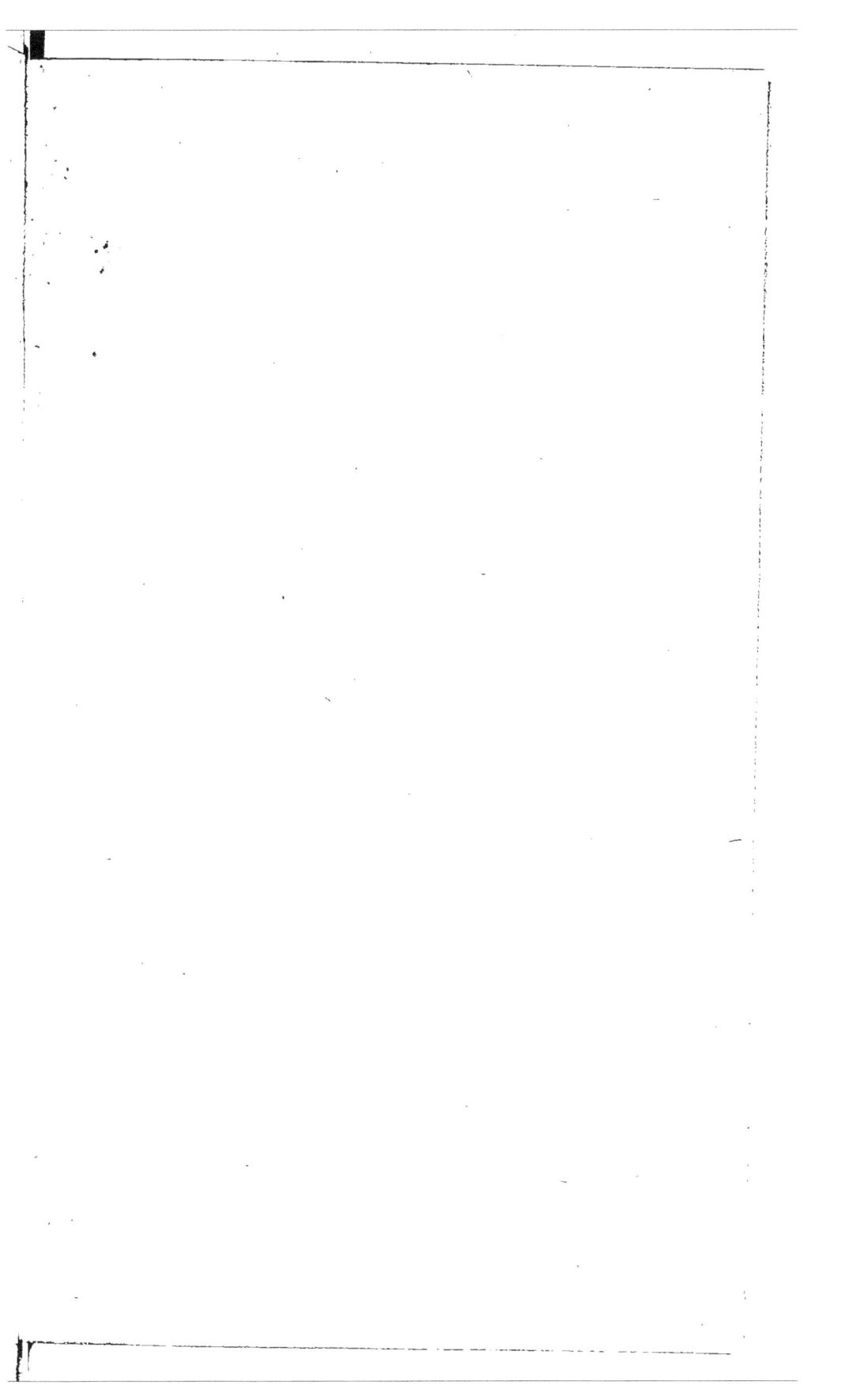

33141

DES

FONDS PUBLICS

EN FRANCE,

ET DES

OPÉRATIONS DE LA BOURSE

DE PARIS.

Cet Ouvrage se trouve aussi :

A Bordeaux,	chez	Mme Vᵉ BERGERET. GASSIOT, fils aîné.
Au Havre,	—	DELHAYE-LONQUETY
A Lyon,	—	BOHAIRE.
A Marseille,	—	CAMOIN frères.
A Nantes,	—	FOREST.
A Rouen,	—	FRÈRE. RENAULT.
A Amsterdam.	—	VAN-CLEEF.
A Londres,	—	TREUTTEL et WURTZ.
A Madrid,	—	DENNÉ-
A St.-Pétersbourg,		VEYHER.
A Génève,	—	PASCHOUD.
A Berlin,	—	SCHELINGER.
A Milan,	—	GIEGLER.
A Turin,	—	ROCCA.
A Gènes,	—	YVES-GRAVIER
A Naples,	—	MAROTTA et VANSPANDOCH.

DES

FONDS PUBLICS
EN FRANCE,

ET DES

OPÉRATIONS DE LA BOURSE

DE PARIS,

OU RECUEIL contenant : des détails sur les Rentes cinq
pour cent consolidés, les Reconnaissances de liquidation,
les Actions de la Banque, les Obligations et les Rentes de
la ville de Paris, les Actions des Ponts, des diverses Compagnies d'Assurances, etc. Les Règles pour calculer les
Fonds publics et évaluer l'intérêt que rapporte chacun
d'eux ; la manière de spéculer soit à la hausse, soit à la
baisse, soit sur les reports, etc., etc. ;

Par Jacques BRESSON.

TROISIÈME ÉDITION,

REVUE ET AUGMENTÉE DU TABLEAU DE L'INTÉRÊT DU REPORT,
DE DÉTAILS SUR L'EMPRUNT D'ESPAGNE, etc. etc.

————

A PARIS,

CHEZ { BACHELIER, Libraire, quai des Augustins.
{ PAINPARRÉ, Libr., rue de Richelieu, n° 63

1821.

DE L'IMPRIMERIE DE HUZARD-COURCIER,

RUE DU JARDINET, Nº 12.

PRÉFACE.

———

La seconde édition de cet Essai sur les Fonds publics s'étant écoulée aussi rapidement que la première, nous nous sommes imposé l'obligation de revoir celle-ci avec le plus grand soin, et d'augmenter son utilité en y ajoutant un *tableau de l'intérêt du report sur rente calculé avec la plus rigoureuse exactitude, depuis 5 c. jusqu'à 1 fr.*, la rente étant prise depuis 65 fr. jusqu'à 85 fr. ; et pour donner à ce livre tout le degré d'intérêt possible, nous avons consacré un chapitre à *l'emprunt d'Espagne* qui vient d'être contracté au nom d'une compagnie française par

MM. J. Laffitte et compag°, et MM. Ardoin, Hubbard et compagnie.

Cet Ouvrage est divisé en deux parties.

La première, consacrée aux effets publics qui se négocient à la Bourse, fait connaître leur nature, la quantité qui s'en trouve en émission, s'ils sont transférables ou au porteur, les intérêts ou les dividendes dont ils jouissent, les formalités à remplir pour vendre ou acheter ces mêmes effets et en toucher les arrérages; les règles pour calculer les 5 pour $\frac{o}{o}$ consolidés, les reconnaissances de liquidation, ainsi que la manière d'évaluer l'intérêt que peut produire chaque espèce de fonds publics.

La seconde partie comprend les opérations de la Bourse, telles que les achats et les ventes fermes; les achats et les ventes à primes; les opérations à la hausse ou à la baisse, la manière de convertir une opération à la hausse en une opération à la baisse, et celle de convertir une opération à la baisse en une opération à la hausse; les reports sur rentes fermes et sur primes qui offrent aux capitalistes le moyen de faire valoir leur argent sur les fonds publics sans se rendre propriétaires de ces mêmes fonds et sans courir les chances de la hausse et de la baisse; l'utilité que l'on peut tirer des reports pour prolonger une opération à la hausse ou une opération à la baisse, etc., etc., enfin un léger aperçu sur les coulissiers, et leurs opérations particulières, fait connaître le rôle qu'ils jouent à la Bourse, et donne en même temps une idée exacte de l'importance et de l'immensité des affaires qui s'y traitent, tandis que dans des considérations générales sur les causes de la hausse et de la baisse, nous avons offert le résultat de l'expérience des hommes les plus éclairés sur les mouvemens de bourse.

DES FONDS PUBLICS

EN FRANCE,

ET DES OPÉRATIONS DE LA BOURSE

DE PARIS.

PREMIÈRE PARTIE.

CINQ POUR CENT CONSOLIDÉS.

Par *cinq pour cent consolidés*, l'on entend un intérêt de cinq pour cent que le Gouvernement garantit pour un capital non remboursable qui provient d'emprunts, faits à différentes époques (1).

---

(1) Ces rentes étaient autrefois nommées *tiers consolidé*, parce que, d'après la loi du 9 vendémiaire an 6, la dette publique alors existante fut réduite des deux tiers.

Au 1er janvier 1820, le nombre des rentes cinq pour cent consolidés, inscrits sur le Grand-Livre, s'élevait à 172,784,838, et le nombre à inscrire ultérieurement montait à 556,362.

La Caisse d'amortissement, recréée et organisée d'après la loi du 28 avril 1816, a pour but l'extinction des cinq pour cent consolidés ; 40 millions lui sont payés à cet effet chaque année par le Trésor, outre le produit de la vente de 150 mille hectares de bois qu'elle a été autorisée à effectuer dans l'espace de six années, à compter de 1818 (1).

A mesure que les sommes affectées à la dotation de la Caisse d'amortissement sont versées dans cette caisse, l'emploi en est fait en achats de rentes sur le Grand-Livre de la dette publique. Il est également fait emploi en achats de rentes des sommes qui rentrent à la caisse pour le paiement des semestres. Les rentes ainsi acquises par la Caisse

_____

(1) Loi du 25 mars 1817.

d'amortissement sont immobilisées : elles sont inscrites en son nom au Grand-Livre de la dette publique, et afin que, dans aucun cas, ni sous aucun prétexte, elles ne puissent être vendues ni mises en circulation, il est fait mention sur les inscriptions qu'elles ne peuvent être transférées, et il est en outre apposé sur les extraits desdites inscriptions, délivrées au nom de la caisse, un timbre portant ces mots : *non transférables* (1).

Les rentes cinq pour cent consolidés sont considérées comme meubles (2); néanmoins celles affectées à la dotation des majorats sont immobilières (3). Les inscriptions au Grand-Livre de la dette publique sont insaisissables, c'est-à-dire qu'aucun particulier ne peut, pour quelque cause que ce soit, mettre opposition à la vente d'une inscription ni au paiement de ses arrérages (4), le

---

(1) Ordonnance du Roi du 21 mai 1816.
(2) Code civil, art. 529.
(3) Décret du 1er mars 1808.
(4) Loi du 8 nivose an 6.

Gouvernement seul s'en est réservé le droit contre ses comptables.

Sur le cours de la Bourse pour coter les cinq pour cent consolidés, on a pris pour base le prix de 5 fr. de rente; ainsi lorsque le cours porte 72 fr. ou 73 fr. 50 c. ou 74 fr., cela signifie que 5 fr. de rente coûte 72 fr. ou 73 fr. 50 c. ou 74 fr.

Du Grand-Livre de la Dette publique.

Sous le nom de *Grand-Livre*, on comprend les registres sur lesquels sont inscrits les propriétaires des rentes cinq pour cent consolidés.

Chaque rentier a un compte ouvert au Grand-Livre pour chaque inscription qu'il possède, car pour prévenir les erreurs dans le cas où il y aurait similitude de noms et prénoms, on ouvre autant de comptes qu'il y a d'inscriptions, quoique bien des inscriptions aient les mêmes noms et prénoms.

Le rentier est crédité à son compte du montant de son inscription, et quand il la vend il en est débité par le crédit du compte de l'acheteur.

Le Grand-Livre est divisé en onze séries qui comprennent les comptes ouverts de chaque nom propre d'après leur lettre initiale et dans l'ordre suivant :

1re série, lettres   A, C.

2e *idem*,   B.

3e *idem*,   D.

4e *idem*,   E, F, G.

5e *idem*,   H, I, J, K, M.

6e *idem*,   L, N, O.

7e *idem*,   P, Q, R.

8e *idem*,   S, T, U, V, X, Y, Z.

9e *idem*,   communes (les rentes des).

10e *idem*,   majorats et rentes immobilières.

Enfin la 11e série est destinée à ceux qui ont des comptes courans, tels que les établissemens publics, les agens de change, les banquiers, les capitalistes, etc.

Pour avoir un compte courant au Grand-

Livre, il suffit d'en faire la demande qui est prise en considération quand on est propriétaire d'une forte quantité de rente.

Chaque série à une suite illimitée de numéros qui est subordonnée au nombre des inscriptions qui lui appartiennent.

Toute inscription porte les noms et prénoms du propriétaire, la somme de rente qui lui est due, le numéro de la série dont elle fait partie, la jouissance, le numéro du transfert et celui du journal.

Aucun particulier ne peut avoir une inscription moindre que 50 fr. de rente (1); les communes seules jouissent de cet avantage qu'on s'est vu obligé de leur accorder, lors de la mise en exécution de la loi du 20 mars 1813, en vertu de laquelle les communes ont reçu en inscriptions cinq pour cent consolidés une rente proportionnée au revenu net des biens cédés.

_____

(1) Loi du 24 août 1793.

Des Transferts et Mutations.

Le transfert des rentes représentées par les inscriptions au Grand-Livre de la dette publique s'opère au Trésor par une déclaration reçue sur des registres tenus à cet effet; cette déclaration doit être signée du propriétaire de la rente ou d'un fondé de procuration spéciale, assisté d'un agent de change pour certifier l'individualité des parties, la vérité de leur signature et celle des pièces produites. L'agent de change est, par le seul effet de sa certification, responsable de la validité du transfert; cette garantie ne peut avoir lieu que pendant cinq années, à partir de la déclaration du transfert (1).

Les mutations autres que les ventes ont lieu sur la production d'un certificat de propriété ou acte de notoriété, lorsqu'il y a eu inventaire ou partage, par acte pu-

---

(1) Art. 15 de l'arrêté du 27 prairial an 10.

blic, ou transmission gratuite, ou enfin par testament. Si la mutation s'opère en vertu d'un jugement, le greffier dépositaire de la minute doit délivrer le certificat (1).

Le transfert est fermé chaque année du 4 au 22 mars et du 4 au 22 septembre, à cause du travail qu'il faut préparer pour le paiement des semestres qui se fait à ces époques.

La fermeture du transfert n'empêche point de vendre et d'acheter des rentes au comptant, mais il faut attendre que le transfert soit rouvert pour effectuer les livraisons des rentes.

Du Paiement des Arrérages.

Les arrérages des rentes cinq pour cent consolidés se paient chaque semestre au 22 mars et au 22 septembre de chaque année. Ces arrérages sont payés au porteur de l'extrait d'inscription au Grand-Livre, sur la présentation qu'il en fait ; chaque paie-

---

(1) Loi du 28 floréal an 7.

ment est indiqué au dos de l'extrait d'inscription par l'application qui y est faite
d'un timbre énonçant le semestre pour lequel le paiement a eu lieu, et dont le porteur est obligé de donner quittance (1).

Les arrérages de la dette publique cinq
pour cent consolidés, sont payables dans
les départemens comme à Paris, jusqu'à
l'expiration du délai de cinq ans (2); le porteur d'inscription n'a qu'à déclarer au receveur général du département où il se
trouve, qu'il souhaite en toucher le semestre
dans la ville où il réside, le receveur général en réfère au directeur du Grand-Livre,
et sur l'avis de ce dernier le paiement en est
effectué.

Les propriétaires de rentes qui, ne pouvant recevoir par eux-mêmes les arrérages
échus, ne jugent pas à propos de confier
leurs inscriptions à des tiers, sont libres

----

(1) Loi du 22 floréal an 7. — Ordonnance du Roi
du 15 octobre 1819.

(2) Terme fixé par l'article 156 de la loi du 24
août 1793, pour la prescription desdits arrérages.

d'y suppléer par des procurations passées par-devant notaires.

Ces procurations peuvent être sans désignation spéciale de numéros et de sommes, pour toutes les inscriptions possédées par les propriétaires au moment du mandat, et même pour celles qu'ils pourraient acquérir par la suite, afin d'épargner à ceux qui font de nouveaux placemens en rentes, les frais qu'entraînerait l'obligation de donner de nouveaux pouvoirs pour toucher les arrérages des nouvelles inscriptions (1). Ces procurations doivent aussi être déposées chez un notaire de Paris qui en donne une expédition au fondé de pouvoirs en faisant mention qu'il a signé avec les notaires : et sur la présentation faite au directeur du Grand-Livre de cette expédition, il est délivré au fondé de pouvoirs deux extraits conformes à l'inscription originale ou à chaque inscription originale, s'il y en a plusieurs. L'un de

---

(1) Ordonnance du Roi des 1er Mai 1816 et 9 Janvier 1818.

ces extraits doit être joint à la première quittance de paiement, et l'autre demeure au fondé de pouvoirs, pour être par lui présenté au lieu des inscriptions à chaque semestre. Ce dernier extrait reçoit l'empreinte du paiement dont nous avons parlé ci-dessus.

Ces procurations sont valables pendant dix ans, sauf révocation ; et si, dans l'intervalle, le titulaire se présente pour recevoir un semestre, sa quittance est interprétée comme la révocation des pouvoirs qu'il a précédemment donnés ; mais il faut que sa signature soit légalisée par un notaire ou un agent de change.

Les fondés de pouvoirs qui, ayant connaissance du décès de leurs commettans, auront néanmoins reçu des arrérages postérieurement au décès, sans avoir fait opérer la mutation, seront, à la diligence de l'agent judiciaire du Trésor, poursuivis conformément aux lois.

Des Inscriptions départementales.

Il est ouvert au Grand-Livre des cinq pour

cent consolidés, au nom de la recette générale de chaque département, celui de la
Seine excepté, un compte collectif qui comprend, sur la demande des rentiers, les
inscriptions individuelles dont ils sont propriétaires. Il est délivré à chaque rentier
inscrit sur ce livre auxiliaire, une inscription départementale détachée d'un registre
à souche et à talon; cette inscription est
signée du receveur général, visée et con-
trôlée par le préfet.

Ces titres équivalent aux inscriptions
délivrées par le directeur du Grand-Livre;
ils sont transférables dans les départemens
comme les inscriptions le sont à Paris (1).

La conversion d'une inscription départementale en une inscription au Grand-Livre
s'effectue après confrontation au talon, au
nom du propriétaire désigné dans ladite
inscription départementale sur la seule demande du porteur.

L'échange d'une inscription départemen-

(1) Loi du 14 avril 1819.

tale contre un titre semblable dans un
autre département s'effectue de la manière
suivante : l'inscription départementale à
échanger doit être présentée au receveur-
général signataire, qui l'annule et délivre
au titulaire une lettre d'avis adressée au
receveur – général du département où la
rente doit être transportée ; l'inscription
départementale est envoyée au Ministre
des finances, pour qu'il fasse augmenter
d'une somme égale l'inscription de la recette générale où doit passer la nouvelle
inscription départementale, et diminuer
de la même somme l'inscription du département d'où la rente a été extraite. L'inscription nouvelle a lieu après le certificat donné
par le directeur du Grand-Livre sur la production de la lettre d'avis du receveur-
général qui a annulé la première inscription départementale.

Chaque receveur-général est chargé d'of-
fice à la volonté des particuliers, d'opérer
pour leur compte et sans frais, sauf ceux

de courtage justifiés par bordereaux d'agens de change, toutes les ventes et achats de rentes qu'ils jugeront à propos de leur confier (1).

De la compensation des Arrérages de rentes avec les contributions directes.

Tout propriétaire d'inscription directe on d'inscription départementale est libre d'en compenser les arrérages, soit avec ses contributions directes, soit avec celles d'un tiers à ce consentant; la seule formalité à remplir, consiste à en faire la déclaration au receveur-général, qui se charge de la recette desdits arrérages et de l'application de leur montant au paiement de ces contributions, dans quelque lieu qu'elles doivent être acquittées (2).

Ces compensations s'opèrent par l'aban-

_____

(1) Ordonnance du Roi du 14 avril 1819.
(2) Loi du 14 avril 1819.

don des semestres de rentes échéant dans la même année, et sans qu'il y ait lieu à décompte pour les différences d'échéances entre les rentes et les termes exigibles des contributions. La compensation s'effectue par l'échange de la quittance des rentes contre la décharge équivalente du receveur-général. Le titre dont la rente a été assignée au paiement des contributions, est timbré des semestres employés à ce paiement.

Les déclarations à fin de compensation durent jusqu'à révocation expresse. Elles cessent néanmoins d'avoir leur effet, à défaut, par le rentier, de remettre au receveur-général sa quittance avant l'échéance du premier terme de sa contribution annuelle. Si la rente est plus forte que la contribution à payer, il est remis pour le surplus, par le receveur-général, des bons payables aux échéances des arrérages compensés; si c'est la contribution qui excède, le rentier doit acquitter cet excédant.

Le receveur-général est tenu de se char-

ger de tous les détails nécessaires pour con-
sommer la libération du contribuable ; en
adressant, soit aux directeurs des contributions, soit aux receveurs particuliers ou
aux percepteurs, les renseignemens nécessaires pour que la compensation soit an-
notée sur les rôles, et le paiement émargé ;
de manière qu'il ne puisse être exercé aucune action contre le contribuable. Le receveur-général se charge encore des mêmes
opérations pour les départemens autres que
le sien, et son intervention a, pour le contribuable, le même effet que dans son département. Les compensations pour les rentiers domiciliés dans le département de la
Seine doivent se faire au Trésor royal.

La compensation n'empêche pas la libre
disponibilité des rentes ; les propriétaires
ont la faculté de les vendre, aux époques
qui leur conviendront, sous la déduction
des arrérages compensés (1).

_____

(1) Ordonnance du Roi du 14 avril 1819.

Des formalités à remplir quand on perd une inscription.

Les rentiers qui, par vol, incendie ou tout autre accident, auraient perdu leurs extraits d'inscriptions, en feront la déclaration devant le maire de la commune de leur domicile. Cette déclaration faite en présence de deux témoins qui constateront l'individualité du déclarant, est assujétie au droit fixe d'enregistrement d'un franc ; ladite déclaration doit être rapportée au Trésor public. Après en avoir fait constater la régularité, le Ministre des finances autorisera le directeur du Grand-Livre à débiter le compte de l'inscription perdue, et à la porter à compte nouveau par un transfert de forme ; il est remis au réclamant un extrait original de ce nouveau compte.

Ce transfert de forme ne peut avoir lieu que dans le semestre qui suit celui pendant lequel la demande d'un nouvel extrait d'in-

3

scription a été adressée au Ministre des finances (1).

Des promesses d'Inscription.

La loi du 28 avril 1816 accordait aux propriétaires de créances relatives à l'arriéré antérieur au 1er janvier 1816, la faculté d'en recevoir le paiement, soit en cinq pour cent consolidés, soit en reconnaissances de liquidation. Les propriétaires de créances, au-dessous de 1000 francs de capital, ou moins de 50 francs de rente, ne pouvant obtenir un extrait d'inscription au Grand-Livre (2), on a créé à cet effet des promesses d'inscriptions ; les porteurs de ces promesses ont toujours le droit de se faire inscrire au Grand-Livre, lorsqu'ils peuvent réunir jusqu'à 50 francs de rente (3).

Les promesses d'inscription se vendent

---

(1) Décret du 3 messidor an 12.
(2) *Voyez* page 14.
(3) Ordonnance du Roi du 29 mai 1816.

toujours 5o centimes au-dessous du cours
auquel sont portés les cinq pour cent consolidés, afin d'indemniser leurs propriétaires
des formalités auxquelles ils sont obligés de
se conformer pour les faire réunir et inscrire
au Grand-Livre.

*Règle pour calculer le montant d'un nom-
bre quelconque de rentes, d'après le prix
porté sur le cours de la Bourse.*

Dites : 5 francs de rentes est au prix
porté sur le cours de la Bourse comme la
quantité de rente donnée, est au capital
cherché.

EXEMPLE,

Soit $\left\{ \begin{array}{l} 5125 \text{ f. la quantité de rente.} \\ 74 \text{ f. o5 c. le prix,} \end{array} \right.$

On aura la proportion suivante :

$$5:74,05::5125:x = \frac{5125 \times 74,05}{5} = \frac{379506,25}{5}$$

$$= 75901 \text{ fr. } 25 \text{ c. résultat.}$$

3..

D'où l'on peut déduire cette règle générale : Multipliez la quantité de rente par le prix porté sur le cours de la Bourse, et divisez le produit par 5.

Règle pour connaître combien l'on peut acheter de rentes pour un capital quelconque, d'après le prix porté sur le cours de la Bourse.

Dites : le prix porté sur le cours de la Bourse est à 5 francs de rente comme le capital donné est à la quantité de rentes cherchée.

EXEMPLE.

Soit $\begin{cases} 12000 \text{ f. le capital.} \\ 73 \text{ f. } 95 \text{ c. le prix de la rente ;} \end{cases}$

on aura la proportion

$$73,95 : 5 :: 12000 : x = \frac{12000 \times 5}{73,95} = \frac{60000}{73,95}$$
$$= 811 \text{ fr. résultat.}$$

Ainsi pour un capital de 12000 fr. l'on pourra acheter 811 fr. de rentes au cours e 73 fr. 95 c.

On peut déduire de la proportion précédente la règle suivante : Multipliez le capital par 5, et divisez le produit par le prix de la rente porté sur le cours de la Bourse.

Règle pour connaître l'intérêt pour cent l'an que rapporte la rente, d'après le prix porté sur le cours de la Bourse.

Dites : le prix porté sur le cours de la Bourse est à 100 fr. comme 5 est au taux de l'intérêt cherché.

EXEMPLE.

Soit 74 fr. 05 c. le prix.

$$74,05 : 100 :: 5 : x = \frac{500}{74,05} = 6,75 = 6\frac{3}{4};$$

intérêt pour $\frac{0}{0}$ l'an, que produit la rente au cours de 74 fr. 05 c. ; d'où l'on peut tirer cette règle générale : divisez 500 par le prix porté sur le cours de la Bourse.

RECONNAISSANCES DE LIQUIDATION.

Les reconnaissances de liquidation ont

été créées pour acquitter l'arriéré antérieur
au 1er janvier 1816 (1). Le nombre des reconnaissances délivrées au 1er janvier 1820
montait à 240 116 360 et celui à délivrer
ultérieurement (par estimation) s'élevait
à 59 883 640. Les reconnaissances jouissent
d'un intérêt de cinq pour cent payable par
semestre au 22 mars et au 22 septembre
de chaque année; elles sont payables au
porteur tant pour le principal que pour les
intérêts.

Les reconnaissances de liquidation seront
remboursées intégralement, à commencer de
l'année 1821, et par cinquième d'année en
année. Les cinq séries seront déterminées
par le sort.

Ces remboursemens se feront en numéraire, et à défaut en inscriptions de rentes

_____

(1) Cet arriéré comprend les créances antérieures
au 1er avril 1814, et les dépenses qui restaient à
acquitter sur le service des neuf derniers mois de
1814 et sur l'exercice de 1815, en excédant des
recettes de ces deux exercices.(Loi du 28 avril 1816.)

au cours moyen des six derniers mois qui auront précédé l'année du remboursement. Néanmoins les créanciers conserveront la faculté de faire inscrire immédiatement au Grand-Livre de la dette publique le montant de leur créance pour sa valeur nominale (1).

Le premier cinquième des reconnaissances de liquidation appelé au remboursement en 1821, sera déterminé de la manière ci-après : sur les dix chiffres formant le système numérique, il en sera, par un tirage public en décembre 1820, désigné deux par le sort ; les reconnaissances de liquidation alors en émission dont les numéros finiront par l'un de ces deux chiffres seront remboursables à compter du 22 mars 1821. Les numéros déjà déterminés par le sort ne seront plus employés lors de l'enregistrement des reconnaissances à émettre postérieurement au tirage (2).

_____

(1) Loi du 25 mars 1817.
(2) Ordonnance du Roi du 2 avril 1817.

Les premières reconnaissances de liquidation qui ont été délivrées étaient nomi-
nales et non négociables; aussi leurs propriétaires seront tenus, pour participer au
tirage, de les rapporter à la direction de la
dette inscrite, pour être échangées contre
des reconnaissances au porteur.

Sur le cours de la Bourse pour coter les
reconnaissances de liquidation, on a pris
pour base le prix de 100 fr. de reconnaissance; ainsi lorsque le cours porte 89 fr. ou
90 fr. 70 c. ou 92 fr., cela signifie que 100 fr.
de reconnaissance coûte 89 fr. ou 90 fr. 70 c.
ou 92 fr.

Les reconnaissances de liquidation sont
divisées en deux classes.

La première classe est composée de cou-
pures fixes de mille, cinq mille et dix mille
francs, avec coupons d'intérêts pour chaque
semestre. Les reconnaissances de dix mille
francs sont sur papier rose, celles de cinq
mille sur papier bleu, et celles de mille sur
papier jaune.

La deuxième classe, destinée au paie-

ment des appoints et créances au-dessous
de mille francs, est sans coupons avec jouissance du 22 mars 1817. Les intérêts en sont
payables sur quittance du porteur et avec
estampille au dos de l'effet.

Ces reconnaissances sont sur papier blanc;
de là est venu qu'on les nomme reconnaissances *blanches*.

Lorsque l'on a plusieurs reconnaissances
blanches formant ensemble une somme
égale à 1000 fr. ou au-dessus de 1000 fr.,
on peut les faire réunir, c'est-à-dire les faire
échanger au Trésor contre une reconnaissance jaune de 1000 fr. ; et dans le cas où
les reconnaissances déposées s'élèvent au-
delà de 1000 fr., on reçoit une nouvelle reconnaissance blanche pour la valeur qui
excède les 1000 fr.

Pour indemniser le porteur de reconnaissances blanches des formalités qu'il est obligé de remplir pour les faire réunir, on les
vend toujours 50 c. au-dessous du cours auquel sont cotés les reconnaissances de cou-
pures fixes.

Des Récépissés de Reconnaissances.

D'après les dangers auxquels exposent les effets au porteur, plusieurs propriétaires de reconnaissances de liquidation ayant manifesté les craintes qu'ils avaient de les égarer ou de les perdre par vol, incendie ou autres accidens, on leur a accordé la faculté de les déposer au Trésor (1) contre des récépissés à talon, transférables par endossement ; observant que chaque signature, pour être valable, doit être certifiée par un agent de change. Ces récépissés portent des coupons d'intérêts qui sont payés à chaque échéance, comme les coupons mêmes annexés aux reconnaissances déposées. Les récépissés sont reçus et circulent tout comme les reconnaissances mêmes, puisqu'il suffit de présenter au Trésor son récépissé acquitté par le dernier endos-

---

(1) Ordonnance du Roi du 15 janvier 1819.—Arrêté du Ministre des finances du 14 janvier 1819.

seur, pour avoir de suite les reconnaissances
déposées.

Les récépissés délivrés jusqu'à ce jour
sont de 10 000, 25 000, ou 50 000 francs
de reconnaissances. Ils sont tous sur papier
blanc; ceux de 10 000 sont imprimés en
rouge; ceux de 25 000 en noir, et ceux de
50 000 en bleu. Maintenant on ne donne
plus que des récépissés de 10 000 francs.

*Règle pour calculer le montant d'un nom-
bre quelconque de reconnaissances d'a-
près le prix porté sur le cours de la
Bourse.*

Dites : 100 francs est au prix porté sur le
cours de la Bourse, comme le nombre donné
de reconnaissances est au capital cherché.

E X E M P L E.

Soit $\left\{\begin{array}{l} 87000 \text{ fr. le nombre de reconnaissances;} \\ 88 \text{ fr. } 50 \text{ c. le prix.} \end{array}\right.$

$$100 : 88,50 :: 87000 : x = \frac{87000 \times 88,50}{100}$$
$$= 76995 \text{ fr. résultat.}$$

De cette proportion l'on peut déduire la
règle pratique suivante : Multipliez le nombre de reconnaissances par le prix porté sur
le cours de la Bourse, et divisez le produit
par 100.

*Règle pour connaître combien l'on peut
acheter de reconnaissances de 1000 fr.
pour un capital quelconque, d'après le
prix porté sur le cours de la Bourse.*

Prenez d'abord le prix de 1000 fr. de reconnaissances d'après le cours de la Bourse,
puis dites : le prix de 1000 fr. de reconnaissances d'après le cours de la Bourse est à 1
reconnaissance de 1000 fr. comme le capital
donné est au nombre cherché.

EXEMPLE.

Soit $\left\{\begin{array}{l} 76995 \text{ fr. le capital.} \\ 88 \text{ fr. 50 c. le prix.} \end{array}\right.$

88,50 étant le prix de 100 fr. de reconnaissances, 885 fr. sera le prix de 1000 fr. de

reconnaissances, et l'on aura la proportion

$$885 : 1 :: 76995 : x = \frac{76995}{885} = 87 \text{ résultat.}$$

De cette proportion, l'on peut déduire la règle générale suivante : Divisez le capital donné par le prix de 1000 fr. de reconnaissances.

Dans l'exemple ci-dessus le nombre 87 indique que pour un capital de 76,995 fr. l'on peut acheter 87 reconnaissances de 1000 fr. chaque ; car les reconnaissances de liquidation ne se vendant que par multiple de 1000 fr., il importe seulement de savoir combien pour un capital quelconque l'on peut avoir de reconnaissances de 1000 fr.

Le cas contraire n'aurait lieu que pour les reconnaissances blanches, c'est-à-dire celles au-dessous de 1000 fr. ; mais c'est un objet de si peu d'importance, que nous n'en parlerons point ici.

Règle pour connaître l'intérêt pour cent l'an que rapporte les reconnaissances d'après le prix porté sur le cours de la Bourse.

Dites : le prix porté sur le cours de la Bourse est à 100 fr. comme 5 est au taux de l'intérêt cherché.

EXEMPLE.

Soit 88 fr. 75 c. le prix.

$$88,75 : 100 :: 5 : x = \frac{500}{88,75} = 5,63 \text{ résultat.}$$

D'où l'on peut déduire cette règle générale : Divisez 500 par le prix porté sur le cours de la Bourse.

De ce que l'intérêt des reconnaissances de liquidation est moindre que celui des cinq pour cent consolidés, il ne faut point en conclure que cet effet soit d'une valeur moindre que la rente ; car les reconnaissances offrent un avantage que ne présente point la rente, leur remboursement devant être effectué intégralement par cinquième à compter de l'année 1821, comme nous l'avons dit page 30.

ACTIONS DE LA BANQUE DE FRANCE.

Le capital primitif de la Banque de France était de quarante-cinq millions, à raison de quarante-cinq mille actions de 1000 francs chacune (1); mais afin de pouvoir étendre ses opérations et se procurer des bénéfices suffisans pour payer un dividende raisonnable à ses actionnaires, en fournissant au Trésor des moyens de négociations, le privilége de la Banque fixé d'abord à quinze années qui devaient expirer en 1818, fut prorogé jusqu'au 22 septembre 1843; et au 1er janvier 1808, la Banque fut autorisée à mettre en émission quarante-cinq mille nouvelles actions (2). Le capital de ces nouvelles actions fut porté à 1200 francs par actions au lieu de 1000 francs, prix du

----

(1) Loi du 24½ germinal an 11.
(2) Loi du 22 avril 1806.

capital primitif; 200 francs furent prélevés sur les réserves existantes pour égaler les quarante-cinq mille premières actions aux quarante-cinq mille nouvelles, et faire participer les quatre-vingt-dix mille sans distinction à un dividende égal.

Les quatre-vingt-dix mille actions de 1200 francs chacune, forment un capital de 108 millions, sans y comprendre la réserve ou la retenue que l'on fait chaque année sur les bénéfices; mais la Banque ayant racheté vingt-deux mille cent de ses actions, il n'en reste plus que soixante-sept mille neuf cents en circulation.

Le dividende annuel se compose : 1° d'une répartition de six pour cent du capital primitif de 1000 francs par action ; 2° d'une autre répartition égale aux deux tiers du bénéfice excédant ladite répartition de six pour cent.

Le dernier tiers des bénéfices est mis en fonds de réserve. Le dividende est arrêté tous les six mois et payé à bureau ouvert au 1er janvier et au 1er juillet de chaque année.

En cas d'insuffisance des bénéfices pour ouvrir un dividende dans la proportion de six pour cent du capital primitif de 1000 fr. par action, il y est pourvu en prenant sur les fonds de réserve (1) ; en sorte que chaque dividende ne peut être moindre que 30 fr. par action.

D'après la loi du 4 juillet 1820, il a été payé 202 francs par action de la Banque pour la répartition des réserves acquises en exécution de la loi du 22 avril 1806 ; cette réserve s'élevait à 13 768 527 fr. 96 c. au 31 décembre 1819, déduction faite de la somme de 3 875 472 fr. 04 c. pour l'ac-quisition du palais de la Banque et de ses dépendances.

Les bénéfices mis en réserve antérieure-ment à la loi du 22 avril 1806, montant à la somme de 7 760 650 fr. 76 c., conti-nuent provisoirement de rester en réserve.

La transmission des actions s'opère par de simples transferts sur des registres dou-bles tenus à cet effet. Elles sont valablement

(1) Statuts de la Banque du 16 janvier 1808.

transférées par la déclaration du propriétaire ou de son fondé de pouvoirs, signée
sur les registres, et certifiée par un agent
de change, s'il n'y a opposition signifiée et
visée à la Banque.

Les actions de la Banque sont admises à
la formation d'un majorat; alors elles de-
viennent immobilières (1).

*Règle pour évaluer l'intérêt que rapporte
une action de la Banque d'après le prix
auquel on l'a achetée, le dividende pour
le semestre échu étant connu.*

Dites : le prix que coûte une action est
au semestre échu comme deux cents est au
taux de l'intérêt.

EXEMPLE.

Soit $\left\{ \begin{array}{l} 1415 \text{ fr. le prix de l'action} \\ 36,50 \text{ le dividende.} \end{array} \right.$

$$1415 : 36,50 :: 200 : x = \frac{36,50 \times 200}{1415} = 1415$$
$$= 5,16 = 5\frac{4}{25} \text{ résultat.}$$

_____

(1) Décret du 1er mars 1808.

De cette proportion l'on déduit la règle
générale suivante : Multipliez par 200 le
dividende fixé pour le semestre, et divisez
par le prix que vous coûte l'action.

OBLIGATIONS DE LA VILLE DE PARIS.

L'administration municipale de Paris s'é-
tant trouvée dans la nécessité d'émettre des
valeurs négociables sur la place, afin de se
procurer les fonds dont elle avait besoin,
tant pour faire face aux dépenses occasion-
nées par l'occupation militaire en 1815,
que pour celles qui ont été la suite de l'in-
tempérie des saisons en 1816, elle fut d'a-
bord autorisée à créer et aliéner quinze cent
mille francs de rente perpétuelle, dont le
produit devait être employé à liquider sa
dette; mais l'aliénation de ces quinze cent
mille francs de rente n'ayant été consom-
mée que pour une très faible partie, et
l'administration municipale étant d'ailleurs
convaincue de la difficulté qu'elle aurait de
les racheter par la suite, reproposa un autre

mode pour l'amortissement de sa dette :
et comme l'adoption de ce nouveau mode
d'amortissement procurait les ressources
nécessaires pour faire terminer la construc-
tion des abattoirs et autres grands établissemens d'utilité publique que le défaut de
fonds n'avait pas alors permis d'achever, la
ville de Paris fut autorisée à créer 33 000
obligations au porteur, de 1000 fr. chacune,
formant la somme de 33 000 000 de francs
remboursables dans l'espace de douze années, à compter du 1er octobre 1817 jusqu'au
1er juillet 1829 (1).

Ces obligations jouissent d'un intérêt de
six pour cent payable de trimestre en trimestre, jusqu'à remboursement du capital.

Un mois avant l'ouverture de chaque
trimestre, il est fait à l'Hôtel-de-Ville, en
présence du préfet de la Seine et de diverses
autres autorités, un tirage des numéros des
obligations qui doivent être remboursées ;
ces numéros jouissent d'une prime dont la

(1) Ordonnance du Roi du 14 mai 1817.

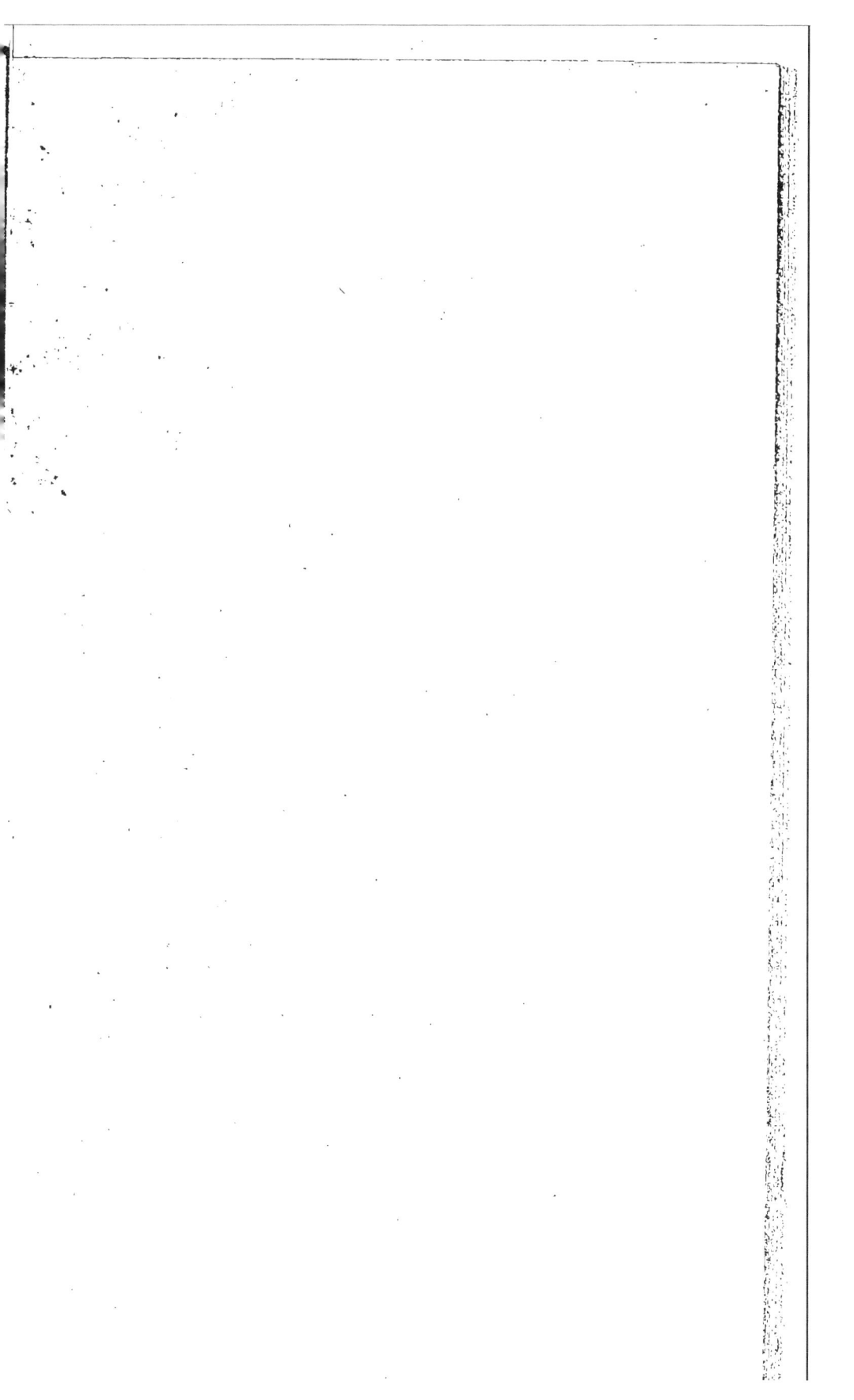

TABLEAU du détail de l'amortissement de 33000 Obligations, et des Primes qui leur sont affectées au moment du remboursement.

(Page 45.)

DATES.	NUMÉROS des tirages.	NOMBRE des Obligations amorties.	DÉSIGNATION DES PRIMES.										TOTAL des Primes par tirage.
1er Octobre 1817.	1	523	1de20000	1de10000	1de5000	3de3000	4de2000	7de1000	1de 625	10de500	20de100	475de 5	6900
1er Janvier 1818.	2	530	1 20000	1 10000	1 5000	3 3000	4 2000	7 1000	1 485	10 500	30 100	472 5	6984
Avril.	3	537	1 20000	1 10000	1 3995	3 3000	4 2000	7 1000	10 500	30 100	480 10	» »	7070
Juillet.	4	544	1 20000	1 10000	1 4980	3 3000	4 2000	7 1000	10 500	30 100	487 10	» »	7189
Octobre.	5	551	1 25000	1 12000	1 6525	3 3000	2 2000	5 1000	10 500	30 100	499 15	» »	7301
1er Janvier 1819.	6	558	1 24000	1 12000	1 6000	2 3000	2 2000	1 1700	5 1000	10 500	30 100	505 15	7442
Avril.	7	565	1 24000	1 12000	1 6000	2 3000	2 2000	5 1000	10 500	1 405	30 100	512 20	7563
Juillet.	8	572	1 24000	1 12000	1 6000	2 3000	2 2000	5 1000	1 940	10 500	40 100	500 20	7712
Octobre.	9	579	1 25000	1 12000	1 6000	1 4000	1 1750	2 2000	4 1000	10 500	40 100	518 25	7870
1er Janvier 1820.	10	586	1 25000	1 12000	1 6000	1 4000	1 1635	2 1500	4 1000	10 500	40 100	525 30	8038
Avril.	11	593	1 25000	1 12000	1 6000	1 4000	1 2515	2 1500	4 1000	10 500	50 100	522 30	8217
Juillet.	12	600	1 25000	1 12000	1 6000	1 4000	1 555	2 2000	4 1000	10 500	50 100	529 35	8407
Octobre.	13	607	1 30000	1 12000	1 6000	1 4000	1 310	2 1500	4 1000	10 400	50 100	536 35	8602
1er Janvier 1821.	14	614	1 30000	1 12000	1 6000	1 3000	1 455	2 2500	4 1000	10 300	50 100	543 40	8817
Avril.	15	621	1 30000	1 12000	1 6000	1 3000	1 635	2 1500	4 1000	10 200	50 100	550 45	9038
Juillet.	16	628	1 30000	1 12000	1 6000	1 3000	1 1635	2 1500	4 1000	10 200	50 100	557 45	9270
Octobre.	17	635	1 32000	1 12000	1 6000	1 3000	1 420	2 1500	4 1000	10 150	50 100	564 50	9512
1er Janvier 1822.	18	642	1 32000	1 12000	1 6000	1 3000	1 895	2 2000	4 1000	10 200	50 100	571 50	9764
Avril.	19	649	1 32000	1 12000	1 6000	1 3000	1 1485	2 1500	4 1000	10 200	50 100	578 55	10027
Juillet.	20	656	1 32000	1 12000	1 6000	1 3000	1 910	2 1500	4 1000	10 200	50 100	585 60	10301
Octobre.	21	663	1 35000	1 12000	1 6000	1 3000	1 330	2 1500	4 1000	10 200	50 100	592 60	10585
1er Janvier 1823.	22	670	1 35000	1 12000	1 6000	1 3000	1 360	2 1500	4 1000	10 150	50 100	599 65	10879
Avril.	23	677	1 35000	1 12000	1 5000	1 3000	1 925	2 1500	4 1000	10 150	50 100	606 70	11184
Juillet.	24	684	1 35000	1 12000	1 5000	1 3000	1 525	2 1500	4 1000	10 150	50 100	613 75	11500
Octobre.	25	691	1 36000	1 12000	1 5000	1 4000	1 760	2 1500	4 1000	10 200	50 100	620 75	11860
1er Janvier 1824.	26	698	1 36000	1 12000	1 5000	1 4000	1 465	2 1500	4 1000	10 200	50 100	627 80	12160
Avril.	27	705	1 36000	1 12000	1 5000	1 4000	1 205	2 1500	4 1000	10 200	50 100	634 85	12500
Juillet.	28	712	1 36000	1 12000	1 5000	1 3000	1 980	2 1500	4 1000	10 200	50 100	641 90	12860
Octobre.	29	719	1 40000	1 12000	1 4000	1 3000	1 1040	5 1000	10 200	40 150	650 90	» »	13235
1er Janvier 1825.	30	726	1 40000	1 12000	1 4000	1 3000	1 855	5 1000	10 200	40 150	666 95	» »	13612
Avril.	31	733	1 40000	1 12000	1 4000	1 3000	1 725	5 1000	10 200	40 150	673 100	» »	14002
Juillet.	32	740	1 40000	1 12000	1 4000	1 3000	1 610	5 1000	10 200	40 150	680 105	» »	14402
Octobre.	33	747	1 42000	1 12000	1 5000	1 2000	1 550	5 800	10 200	40 150	687 110	» »	14812
1er Janvier 1826.	34	754	1 42000	1 12000	1 5000	1 3000	1 985	5 1000	10 200	40 150	694 110	» »	15232
Avril.	35	761	1 42000	1 12000	1 5000	1 3000	1 1020	5 1000	10 200	40 150	701 115	» »	15663
Juillet.	36	768	1 42000	1 12000	1 5000	1 3000	1 1090	5 1000	10 200	40 150	708 120	» »	16105
Octobre.	37	775	1 45000	1 12000	1 4000	1 2000	1 695	5 800	50 170	715 125	» »	» »	16557
1er Janvier 1827.	38	782	1 45000	1 12000	1 4000	1 3000	1 835	5 800	50 170	722 130	» »	» »	17019
Avril.	39	789	1 45000	1 12000	1 4000	1 2000	1 1010	5 800	50 170	729 135	» »	» »	17491
Juillet.	40	796	1 45000	1 12000	1 4000	1 2000	1 720	5 600	50 200	736 140	» »	» »	17974
Octobre.	41	803	1 48000	1 10000	1 3000	1 2000	1 965	5 600	50 200	743 145	» »	» »	18476
1er Janvier 1828.	42	810	1 48000	1 10000	1 3000	1 2000	1 1245	5 600	50 200	750 150	» »	» »	18975
Avril.	43	817	1 48000	1 10000	1 3000	1 3000	1 510	5 500	40 250	767 155	» »	» »	19480
Juillet.	44	824	1 48000	1 10000	1 3000	1 2000	1 810	5 500	40 250	774 160	» »	» »	20017
Octobre.	45	831	1 50000	1 8000	1 4000	1 1500	1 495	5 400	30 300	791 165	» »	» »	20558
1er Janvier 1829.	46	838	1 50000	1 8000	1 4000	1 1500	1 815	5 400	30 300	798 170	» »	» »	21007
Avril.	47	845	1 50000	1 8000	1 4000	1 1500	1 1156	5 400	30 300	805 175	» »	» »	21619
Juillet.	48	852	1 50000	1 8000	1 4000	1 1500	1 1060	5 500	30 300	812 180	» »	» »	22221
									Total général des Primes........				60812

quotité est établie par le sort dans la proportion fixée par le tableau ci-joint.

Le paiement des intérêts de chaque obligation, et le remboursement en capital et primes affectées à chaque obligation sortie, ont lieu à compter du 1er jour de chaque trimestre à la Caisse municipale, rue d'Anjou-Saint-Honoré, n° 11.

MM. Hentsch, Blanc et compagnie, banquiers, rue Basse-du-Rempart, n° 40, assurent les obligations; c'est-à-dire, que si une obligation portant tel numéro venait à sortir au prochain tirage avec une basse prime, ils s'engagent, moyennant une rétribution déterminée, à échanger l'obligation sortie contre une autre dont le numéro est encore dans la roue.

RENTES SUR LA VILLE DE PARIS.

1 500 000 fr. de rentes perpétuelles, au denier vingt, furent créées pour acquitter la dette de la ville de Paris (1); mais comme

---

(1) Ordonnances du Roi des 13 septembre, 4 octobre 1815, et 15 janvier 1817.

nous l'avons observé page 43, le conseil municipal a trouvé plus convenable d'émettre des obligations au porteur avec des époques fixes pour le remboursement. Sur les 1 500 000 fr. de rentes de la ville, 1 288 000 non négociés sont déposés à la Caisse d'amortissement, pour garantie du paiement des obligations de la ville (1), et les 212 000 fr. restans sont en circulation.

Ces rentes sont au porteur et divisées en coupons de 250 fr. Le paiement des arrérages en est effectué tous les six mois au 1er janvier et au 1er juillet, à la Caisse municipale, rue d'Anjou, n° 11, faubourg Saint-Honoré, sur la représentation du coupon de rente et sur la remise de la

---

(1) Dans le cas où, par une circonstance imprévue, l'acquit des obligations ne s'effectuerait pas exactement, alors la Caisse d'amortissement seule est autorisée à négocier de suite les rentes déposées, jusqu'à concurrence des sommes en souffrance, et à faire, pour le remboursement de ces sommes, l'emploi du prix de cette négociation. (Traité annexé à l'ordonnance du Roi du 14 mai 1817.)

quittance du porteur, laquelle doit être
préalablement signée par le contrôleur des
rentes. Ces quittances sont délivrées gratis
à l'Hôtel-de-Ville, où il faut d'abord se présenter pour qu'il soit procédé au contrôle
desdits coupons.

ACTIONS DES PONTS.

Les actions des ponts, au nombre de 3 780,
ont été émises par l'association des trois
ponts sur la Seine, savoir : le pont des Arts ,
le pont du Jardin des Plantes, et le pont
de la Cité (1). Ces actions sont au porteur,
leur valeur nominale est de 1000 fr.; elles
jouissent d'un dividende qui est fixé tous
les trois mois par les assemblées générales
des intéressés.

Le dividende se compose de la totalité
des recettes moins $\frac{1}{30}$, que l'on retient (depuis 1811). Ce trentième se subdivise de la
manière suivante : un tiers est affecté aux

_____

(1) Loi du 24 ventose an 9. — Arrêté du 4 ther-
midor an 10.

frais d'entretien des ponts et d'administration, et les deux autres tiers sont cumu-
lés d'années en années et forment un capital
destiné à rembourser la valeur nominale
de chaque action au 30 juin 1897, époque
à laquelle finit le péage qui a été concédé
à l'association.

Ce dividende est payé par trimestre, sur
la présentation du titre, au 1er janvier,
avril, juillet et octobre de chaque année,
à la Caisse de l'administration, rue du Bou-
loy, n° 26.

ACTIONS DE LA COMPAGNIE ROYALE D'ASSU-
RANCES MARITIMES.

Le capital de cette société est fixé à
10 000 000 de fr., divisés en 2000 actions
de 5000 fr. chacune. Les actionnaires sous-
crivent l'obligation de verser, s'il y a lieu,
jusqu'à concurrence du montant de leurs
actions; l'obligation indique un domicile à
Paris. Les obligations sont garanties, pour
chaque action, par un transfert, au nom
de la compagnie, de cent francs de rentes,
cinq pour cent consolidés.

Les actionnaires ne sont responsables des engagemens de la Compagnie que jusqu'à la concurrence du montant de leurs actions.

Ces actions sont représentées par une inscription nominale sur les registres de la Société; il n'y a point d'actions au porteur.

Il ne peut être admis d'actionnaire que par délibération du conseil d'administration de la Compagnie, au scrutin secret, et à la majorité des trois quarts des votans; néanmoins ne sont point soumis au scrutin d'admission ceux qui transfèrent, en garantie de l'obligation, une somme de rentes ou autres fonds publics français, équivalente au montant de leurs actions.

Les arrérages de rentes, ainsi que les arrérages, intérêts ou dividendes des autres fonds publics, transférés en garantie du paiement des actions, sont répartis aux actionnaires immédiatement après qu'ils ont été perçus.

La transmission des actions s'opère par de simples transferts sur des registres doublés tenus à cet effet. Elles sont valablement

5

transférées par la déclaration du propriétaire ou de son fondé de pouvoir, signée sur les registres et certifiée par un administrateur. La certification mentionne l'arrêté d'admission.

Les bénéfices annuels résultans d'un inventaire réglé au 31 décembre de chaque année, sont répartis comme il suit : le quart au moins, et la moitié au plus, est mis en réserve, en accroissement du capital, jusqu'à ce que le montant de cette réserve ait atteint la somme de 2 500 000 fr. Alors l'excédant des bénéfices sera réparti aux actionnaires.

Lorsque les bénéfices réservés auront atteint la somme fixée ci-dessus, la réserve sur les bénéfices annuels ne pourra excéder le quart ni être au-dessous du huitième des bénéfices. L'excédant sera réparti aux actionnaires (1).

---

(1) Ordonnance du Roi du 11 février 1820.— Actes des 25 janvier et 2 février, annexés à ladite ordonnance.

ACTIONS DE LA COMPAGNIE ROYALE D'ASSU-RANCES CONTRE L'INCENDIE.

Le capital de cette société est fixé à 10 000 000 de francs, divisés en deux mille actions de 5000 francs chacune. Ces actions sont entièrement semblables à celles de la Compagnie royale d'Assurances maritimes dont nous avons parlé ci-dessus, à l'exception que les obligations pour chaque action sont garanties par un transfert, au nom de la Compagnie, de cinquante francs de rentes, cinq pour cent consolidés (1).

Les bénéfices résultans des inventaires faits chaque année au 31 décembre, seront répartis entre les actionnaires et les assurés dans les proportions qui seront réglées par le conseil d'administration, qui déterminera l'époque où la première répartition sera faite.

---

(1) Au lieu de cent francs de rente exigés pour chaque action de la Compagnie royale d'assurances maritimes.

5..

La part des bénéfices à répartir aux intéressés ne pourra, en aucun cas, être au-
dessous du tiers ni au-dessus de la moitié.

Sur la part des bénéfices dévolue aux actionnaires, le quart au moins, et la moitié
au plus, sera mis en réserve en accroissement du capital ; le surplus sera réparti aux
actionnaires. Lorsque les bénéfices réservés
s'élèveront à un million de francs, la réserve annuelle pourra être au-dessous du
quart des bénéfices jusqu'au huitième ; l'excédant sera réparti aux actionnaires (1).

ACTIONS DE LA COMPAGNIE ROYALE D'ASSU-
RANCES SUR LA VIE.

Le capital de cette société est fixé à
30 000 000 de francs divisés en six mille
actions de 5000 francs chacune. Ces actions sont absolument semblables à celles

---

(1) Ordonnance du Roi du 11 février 1820. —
Actes des 25 janvier et 2 février 1820, annexés à
ladite ordonnance.

de la Compagnie royale d'Assurances contre
l'incendie.

Chaque année, au 31 décembre, les bénéfices résultans des inventaires seront répartis entre les actionnaires, et les assurés
et intéressés, dans les proportions qui seront
réglées par le conseil d'administration. La
part des bénéfices à répartir aux intéressés
ne pourra, dans aucun cas, être au-dessous
de la moitié.

Sur la part dévolue aux actionnaires, le
quart au moins, et la moitié au plus, sera
mis en réserve en accroissement du capital,
jusqu'à ce que le montant de cette réserve
ait atteint la somme d'un million de francs.
L'excédant des bénéfices sera réparti aux
actionnaires. Lorsque les bénéfices réservés
auront atteint la somme fixée ci-dessus, la
réserve sur les bénéfices annuels ne pourra
excéder le quart, ni être au-dessous du
huitième des bénéfices afférens aux actionnaires; l'excédant leur sera réparti.

Il ne pourra être fait de répartition de
bénéfices pendant les deux premières an-

nées, et le Conseil d'Administration pourra, s'il le juge nécessaire, différer la répartition des bénéfices pendant une ou plusieurs années (1).

ACTIONS DE LA COMPAGNIE D'ASSURANCES GÉNÉRALES MARITIMES.

Le capital de cette société est de 5 000 000 de francs, spécialement et uniquement affectés aux assurances maritimes ordinaires et ceux de guerre survenante , ainsi que les risques de navigation intérieure et de transports par terre. Ces 5 000 000 sont fournis par trois cents actions de 12 500 francs l'une, et par mille de 1250 francs l'une

Les actions de 12 500 francs sont au nom des propriétaires ; elles ne peuvent être transférées qu'avec l'agrément du Conseil d'administration. Le cinquième desdites ac-

---

(1) Ordonnance du Roi du 11 février 1820.— Actes des 25 janvier et 2 février 1820 , et règlemens généraux de ladite Compagnie.

tions est payé au moment de leur délivrance, au choix de l'actionnaire, en argent ou en dépôt d'effets publics transférés au nom de la société ; les autres quatre cinquièmes peuvent être fournis en obligations directes non négociables, payables à la compagnie à présentation.

Les actionnaires étrangers qui n'ont pas en France un domicile fixe ou des propriétés immobiliaires suffisantes, doivent déposer en effets publics transférés au nom de la société, le prix total de leurs actions.

Les actions de 1250 francs sont au porteur et payées argent comptant.

Les propriétaires d'actions nominatives ont en tout temps la faculté d'en acquitter plus d'un cinquième ; mais les intérêts revenant à ces paiemens ne courent qu'à compter de l'ouverture du semestre qui suit immédiatement lesdits paiemens.

Si, dans le cours d'un semestre, le propriétaire d'actions nominatives veut convertir en un dépôt d'effets publics le paiement du cinquième qu'il a fait en numéraire, il en a la faculté; mais il ne lui est tenu compte d'aucun intérêt pour le temps couru pendant ce semestre.

Les actionnaires nominatifs, ainsi que les propriétaires d'actions au porteur, conformément à l'article 33 du Code de Commerce, ne sont passibles que de la perte du montant de leurs actions.

Chaque semestre, un intérêt de $2\frac{1}{2}$ pour$\frac{o}{o}$ est prélevé sur les bénéfices acquis en faveur des actions au porteur et des portions d'actions nominatives qui ont été payées comptant. Il n'est point dû d'intérêts sur les effets publics reçus en dépôt : les dividendes et arrérages qui résultent de ces effets appartiennent toujours à leurs propriétaires, et leur sont remis aussitôt qu'ils sont reçus.

Après le prélèvement des intérêts susdits, le huitième des bénéfices nets acquis par l'extinction des risques qui les auront produits, sera prélevé et formera un fonds de réserve au profit de la société.

Sur les sept autres huitièmes du bénéfice, il est pris à la fin de chaque année, en cumulant ou en compensant les bénéfices ou les pertes des deux semestres, 2 pour $\frac{o}{o}$, qui sont employés par le Conseil d'Administration en actes de bienfaisance.

Ces prélèvemens faits, le résultat des bénéfices nets est réparti au centime le franc entre les actions au porteur et les actions nominatives; mais le contingent qui revient à la portion des actions nominatives qui n'aura pas été payée comptant ou déposée en effets publics, au lieu d'être touchée par les actionnaires, sera portée à leur crédit : leurs engagemens seront déduits d'autant, et cet article de crédit, considéré comme argent reçu, vaudra les semestres suivans intéréts aux propriétaires (1).

_____

(1) Ordonnances du Roi des 22 avril et 2 septembre 1818. — Acte social et statuts de ladite Compagnie.

ACTIONS DE LA COMPAGNIE D'ASSURANCES GÉNÉRALES CONTRE L'INCENDIE.

Le capital de cette société est de 2 000 000 de francs; il est fourni par trois cents actions de 5ooo fr. l'une, et par mille actions de 5oo fr. l'une.

Les actions de 5ooo fr. sont au nom des propriétaires; elles ne peuvent être transférées qu'avec l'agrément du Conseil d'Administration. Le cinquième desdites actions est payé au moment de leur délivrance, au choix de l'actionnaire, en argent ou en dépôt d'effets publics transférés au nom de la société; les quatre autre cinquièmes peuvent être fournis en obligations directes non négociables, payables à la Compagnie à présentation.

Les actions de 5oo fr. sont au porteur et payées argent comptant.

Chaque semestre, un intérêt de 2 ½ pour ⁰⁄₀ est prélevé sur les bénéfices acquis en faveur des actions au porteur et des portions d'actions nominatives qui ont été payées comptant. Il n'est pas dû d'intérêts sur les effets publics reçus en dépôts; les dividendes et arrérages qui résultent de ces effets, appartiennent toujours à leurs propriétaires, et leur sont remis aussitôt qu'ils sont reçus.

Après le prélèvement des intérêts susdits, la moitié des bénéfices nets acquis par l'extinction des risques qui les ont produits, est prélevée pour former un fonds de réserve au profit de la société.

Lorsque ce fonds de réserve aura porté le capital de la société à trois millions, il ne sera plus prélevé qu'un quart; et lorsqu'il aura été porté à quatre millions, il ne sera plus prélevé qu'un huitième des bénéfices nets au profit de la société.

Sur les bénéfices qui restent après ces prélèvemens, il est pris, à la fin de chaque année, en cumulant ou compensant les bénéfices ou les pertes de deux semestres, 2 pour $\frac{0}{0}$ qui sont employés par le Conseil d'Administration en actes de bienfaisance.

Ces prélèvemens faits, le résultat des bénéfices nets est réparti au centime le franc entre les actions au porteur et les actions nominatives, en suivant la même marche que celle indiquée ci-dessus pour les actions de la Compagnie d'Assurances générales maritimes (1).

ACTIONS DE LA COMPAGNIE D'ASSURANCES GÉNÉRALES SUR LA VIE DES HOMMES.

Le capital de cette Compagnie est de 3 000 000 de fr.; il est formé par trois cents actions de 7500 fr. l'une, et par mille actions de 750 fr. l'une. Les actions de 7500 fr. sont au nom des propriétaires, et elles ne peuvent être transférées qu'avec l'agrément du Conseil d'Administration, et cet agrément constitue la parfaite libération de l'actionnaire cédant, et les nouvelles obligations du cessionnaire.

(1) Ordonnances du Roi des 14 février et 20 octobre 1819. — Actes des 10 août et 28 décembre 1818.

Le cinquième desdites actions est payé, au moment de leur délivrance, au choix de l'actionnaire, en argent ou en dépôt d'effets publics transférés au nom de la Compagnie; les autres quatre cinquièmes peuvent être fournis en obligations directes payables à la compagnie à présentation, mais ces obligations devront être entièrement acquittées et effectivement réalisées dans la caisse de la société, au plus tard, dans le terme de cinq ans, à compter du 22 décembre 1819, jour que la Compagnie a été autorisée par une ordonnance royale.

Les actions de 750 fr. sont au porteur et payées argent comptant.

Chaque semestre un intérêt de $2\frac{1}{2}$ pour $\frac{o}{o}$ est prélevé sur les bénéfices acquis, et subsidiairement sur le capital social, en faveur des actions au porteur et des portions d'actions nominatives qui ont été payées comptant.

Il n'est pas dû d'intérêts sur les effets publics reçus en dépôt; les dividendes et arrérages qui résultent de ces effets, appartiennent toujours à leurs propriétaires , et leur sont remis aussitôt qu'ils sont reçus.

Après le prélèvement des intérêts sus-dits, si les bénéfices nets acquis s'élèvent à 2 pour ⁰/₀ du capital primitif ou au-dessus, la moitié desdits bénéfices est prélevée, et forme un fonds de réserve au profit de la société. Lorsque ce fonds de réserve aura porté le capital de la société à 4 000 000, il ne sera plus prélevé qu'un quart ; lorsqu'il aura été porté à 5 000 000, il ne sera plus prélevé qu'un huitième de bénéfices nets au profit de la société.

Sur les bénéfices qui restent après ces prélèvemens, il est pris, à la fin de chaque année, en cumulant ou compensant les bé-néfices ou les pertes des deux semestres , 2 pour cent qui sont employés par le Conseil d'Administration en actes de bienfaisance.

Ces prélèvemens faits, le résultat des bé-néfices nets est réparti au centime le franc entre les actions au porteur et les actions nominatives, en suivant la même marche que celle indiquée ci-dessus pour les actions de la compagnie d'assurances générales maritimes.

Si les bénéfices nets acquis pendant le premier sémestre ne s'élèvent pas à 2 pour cent, il ne sera fait de répartition qu'à la fin de celui des semestres suivans où ces 2 pour cent seront réalisés (1).

ACTIONS DE LA COMPAGNIE COMMERCIALE D'ASSURANCES.

La Compagnie commerciale d'Assurances assure les risques de mer et ceux de navigation intérieure et de transport par terre; elle se proposait aussi d'assurer les risques d'incendie pour la ville de Paris seulement. Dans cette intention, la Compagnie avait porté son capital à 6 000 000 de francs, qui ont été fournis par 600 actions nominatives de 8000 fr. l'une, et 1200 actions au porteur de 1000 fr. l'une; mais la société

---

(1) Ordonnance du Roi du 22 décembre 1819. — Acte social et règlement de ladite Compagnie.

ayant renoncé à embrasser l'assurance contre l'incendie, elle a réduit son capital à la
somme de 4 000 000 fr. ; les 2 000 000 de fr.
restans seront rendus aux actionnaires dans
la même nature de valeur que chacun d'eux
aura versée, lorsque cette somme se trouvera
disponible par l'extinction des risques auxquels elle a été affectée jusqu'au 29 février
1820, jour où par une ordonnance royale
la Compagnie a été autorisée à diminuer son
capital.

Les actions au porteur sont payées en
entier en numéraire. Les actions nominatives sont payées un quart en numéraire,
au moment de la délivrance de l'action, et
trois quarts en obligations du titulaire en
faveur de la Compagnie, payables à cinq
jours de vue. La portion en numéraire à
fournir pour les actions nominatives peut
être remplacée par un dépôt d'effets publics ; mais le Conseil d'Administration a
toujours le droit de demander que les dépôts de ces effets publics soient retirés, et
que les sommes dont ils tiennent lieu soient

versées en numéraire dans la caisse de la Compagnie.

Tout actionnaire peut à volonté acquitter en numéraire une ou plusieurs des obligations par lui souscrites pour les trois quarts, ainsi que libérer, par un versement en numéraire, ses dépôts d'effets publics; mais les intérêts ne courent à son profit qu'à dater de l'inventaire du semestre qui suit le versement.

Nul propriétaire d'actions nominatives, ne peut les céder, vendre ni transférer sans l'agrément du Conseil d'Administration.

Ces actions jouissent d'un dividende qui est fixé tous les six mois et réparti comme suit :

Aux Actions nominatives.

1°. L'intérêt acquis, à raison de cinq pour cent, seulement sur la somme versée en numéraire;

2°. La totalité du bénéfice acquis à chaque action nominative, après la déduction de la retenue délibérée par l'assemblée générale.

Cette retenue vient au crédit de l'action nominative non soldée en numéraire, et en réduction des obligations y relatives; elle porte intérêt à compter du semestre suivant. Les obligations qui sont soldées par cette retenue sont rendues aux souscripteurs. Les actions nominatives entièrement soldées en numéraire ne seront plus assujéties à aucune retenue.

Aux Actions au porteur.

1°. L'intérêt acquis, à raison de cinq pour cent, sur leur capital versé en entier en numéraire ;

2°. La totalité du bénéfice, au *prorata* de l'action nominative, et sans aucune retenue (1).

_____

(1) Ordonnance du Roi du 22 avril 1818. — Statuts et règlemens de ladite Compagnie.

ACTIONS DE LA COMPAGNIE FRANÇAISE DU
PHÉNIX.

Le but de la Compagnie française du
Phénix est d'assurer toutes les valeurs pé-
rissables par l'incendie. Son capital primitif
a été fixé à 400 000 fr. en numéraire, et
180 000 fr. de rentes sur le Grand-Livre de
la dette publique. Ce capital est divisé en
actions au porteur de 100 fr. numéraire et
45 fr. de rentes, et forme la première série.

La Compagnie se réserve et promet de
porter son capital jusqu'à 1 080 000 fr. de
rentes et 2 400 000 fr. d'espèces; ce qui
doit avoir lieu par cinq nouvelles séries de
4000 actions chacune, de même espèce et
valeur que les premières. Il n'y a encore
qu'une série d'établie; la seconde le sera
lorsque le fond de réserve prélevé sur les
bénéfices sera porté à 200 000 fr.

Les actions, quoiqu'au porteur, peuvent
être rendues transférables : il est ouvert, à
cet effet, un registre à la direction générale, rue Neuve-des Capucines, n° 13.

6..

Ces actions jouissent d'un dividende qui est arrêté et payé tous les six mois. Ce dividende se compose de la totalité des béné-fices, moins un quart qui est mis en réserve et employé en inscriptions sur le Grand-Livre. Il n'y aurait lieu à aucun dividende, si, après avoir épuisé la réserve, le capital de la Compagnie se trouvait entamé ; car, dans ce cas, tous les bénéfices devront être réservés pour remettre ledit capital au complet. S'il arrivait que par des malheurs successifs et réitérés, le capital de la Compagnie fût réduit des trois quarts, et que les actionnaires ne voulussent pas le reconstituer de nouveau, elle se dissoudrait et suspendrait toute opération nouvelle. Dans ce cas, ce qui resterait du fond capital, demeurerait la garantie des assurés jusqu'à l'extinction de la dernière police d'assurance.

Si la réserve produisait une somme de 3 000 000, elle serait réduite à un cinquième des bénéfices; et si elle produisait 12 000 000, elle cesserait entièrement.

Les rentes des actionnaires, c'est-à-dire les arrérages des inscriptions transmises à la Compagnie, ne sont pas réputés bénéfices, ils sont payés intégralement, et par semestre, aux porteurs d'actions, sans frais de perception. Il en est de même des intérêts du dixième versé en numéraire, lesquels intérêts sont payés, chaque semestre, aux actionnaires, à six pour cent par année, en même temps que les arrérages d'inscriptions dont il vient d'être parlé (1).

OBLIGATIONS DE LA VILLE DE BORDEAUX.

La ville de Bordeaux ayant éprouvé de l'embarras dans ses finances et des obstacles qui retardaient le remboursement de sa dette, elle fut autorisée (2) à créer 2129 obligations au porteur, de 1000 fr. chacune, formant la somme de 2 129 000 fr., remboursable dans l'espace de douze années, à

---

(1) Ordonnance du Roi du 1er septembre 1819. — Statuts de la Compagnie française du Phénix.

(2) Ordonnances du Roi des 29 octobre et 10 décembre 1817.

partir du 1er juillet 1818. Ces obligations produisent un intérêt de six pour cent, payable de semestre en semestre, au 1er juillet et au 1er janvier de chaque année. Elles jouissent en outre d'une prime dont la quotité est déterminée par le sort, dans la proportion fixée par le tableau ci-joint.

Le remboursement des obligations et le paiement des primes ont lieu tous les six mois, par suite d'un tirage fait à l'hôtel-de-ville de Bordeaux, un mois avant l'ouverture de chaque semestre, en présence du préfet de la Gironde, du maire de la ville et de diverses autres autorités.

De la Caisse des dépôts et consignations.

La Caisse des dépôts et consignations, qu'il ne faut point confondre avec la Caisse d'amortissement, offre aux capitalistes des avantages qu'il entre dans notre plan de faire connaître.

Cette Caisse n'a pas été établie que pour les départemens, les communes et les établissemens publics, elle est encore autori-

TABLEAU des Primes qui leur

...t.

(*page* 70.)

DATES...MES.			TOTAL des Primes par tirage.
1er Juin 10	60 à	15	3150
1 Décembr 60	60	25	3960
1 Juin 10	60	35	5620
1 Décembr 60	.60	40	6120
1 Juin 50	65	50	7450
1 Décembr 60	65	60	8320
1 Juin 70	65	70	10200
1 Décembr 70	65	80	10950
1 Juin 80	70	90	12400
1 Décembr 00	70	100	13580
1 Juin 0	70	105	14280
1 Décembr 5	70	115	15385
1 Juin 50	75	120	16750
1 Décembr 10	75	120	17475
1 Juin 50	75	135	18695
1 Décembr 50	75	140	19410
1 Juin 70	75	150	20860
1 Décembr 80	75	160	21940
1 Juin 80	75	170	23390
1 Décembr 50	75	180	24600
1 Juin 20	75	190	26310
1 Décembr 50	75	200	27550
1 Juin 50	75	210	29750
1 Décembr 50	85	220	33855
des Primes....			392000

sée à recevoir les dépôts volontaires et particuliers qui sont faits à Paris, en monnaie
ayant cours, ou en billets de la Banque de
France.

La Caisse et ses préposés ne peuvent,
sous aucun prétexte, exiger de droit de
garde, ni aucune rétribution, sous quelque
dénomination que ce soit, tant lors du dépôt que lors de sa restitution.

Les sommes déposées portent intérêt à
trois pour cent, pourvu qu'elles soient res-
tées à la Caisse trente jours. Si elles sont re-
tirées avant ce temps, la Caisse ne paie aucun intérêt. Le dépôt est rendu à celui qui
l'a fait, à son fondé de pouvoirs ou ses
ayant-cause, à l'époque convenue par l'acte
de dépôt, et, s'il n'en a pas été convenu,
à simple présentation. Ceux qui retirent
ainsi leurs fonds ne sont soumis à aucune
autre condition que celle de remettre la reconnaissance de la Caisse et de signer leur
quittance (1).

_____

(1) Loi du 28 avril 1816. — Ordonnance du Roi
du 3 juillet 1816.

EMPRUNT D'ESPAGNE.

Par décret des Cortès, en date du 12 octobre 1820, le Gouvernement espagnol a été autorisé à faire un emprunt de 15 millions de piastres effectives ; cet emprunt a été contracté au nom d'une compagnie française, par MM. J. Laffitte et compagnie, et MM. Ardoin Hubbard et compagnie.

L'emprunt de 15 millions de piastres est divisé en 150 mille obligations de 100 piastres effectives chacune, remboursables par la voie du sort et par tirages égaux, dans l'espace de 24 années.

Les obligations portent cinq pour cent d'intérêt. Elles ont droit à des primes déterminées annuellement par le sort, représentant deux pour cent par an sur le capital nominal ; elles sont délivrées aux prêteurs garnies de leurs coupons d'intérêts et des billets de prime. (1)

---

(1) Les billets de prime sont séparés des obligations.

Le service des intérêts, le tirage des primes, auront lieu dès la première année : le tirage pour les obligations à rembourser ne commencera qu'à la fin de la cinquième année.

D'après la loi (1), une partie du revenu public est affectée au service des intérêts, et le produit de la vente des biens nationaux sera employé au paiement des primes et au remboursement du capital des obligations.

L'emprunt a été livré à soixante-dix pour cent par an aux prêteurs; ce qui leur représente un intérêt de dix pour cent par an, savoir, sept et $\frac{1}{7}$ d'intérêt fixe, et deux $\frac{6}{7}$ pour cent en chance dans le tirage annuel des primes.

Un dixième de l'emprunt est payé comptant. Les neuf dixièmes restans seront payés, moyennant intérêts à partir du jour de la création des obligations, par neuvièmes de mois en mois, à raison de 5 fr. 40 c. par piastre effective.

_____

(1) Décret des Cortès du 12 octobre 1820.

7

SECONDE PARTIE.

DES OPÉRATIONS DE LA BOURSE DE PARIS.

Notions générales.

Les opérations de la Bourse se divisent en deux classes :

1°. Opération de *placement.*
2°. Opération de *spéculation.*

Les opérations de placement ont pour objet d'acheter une certaine quantité d'effets publics pour les garder et jouir de leurs intérêts ou dividendes.

Les opérations de spéculation consistent à vendre ou acheter successivement une quantité d'effets publics dans l'intention de réaliser des bénéfices. Les opérations de spéculation sont à proprement parler les seules qui fixent l'attention publique à cause de leur immensité et de l'influence

que souvent elles produisent sur le cours
des effets.

Toutes les opérations de spéculation se ré-
duisent à deux seules, qui sont la *hausse*
et la *baisse*.

Une opération à la hausse consiste à acheter des effets publics en baisse et à les revendre en hausse.

Une opération à la baisse se fait en vendant des effets publics en hausse et en les
achetant en baisse.

Ces sortes d'opérations peuvent se faire,
soit au comptant, soit à terme.

Une opération à terme est celle dont
la livraison des effets achetés ou vendus
doit se faire à une époque déterminée.
Cette époque est le plus ordinairement la fin
du mois courant, ou celle du mois suivant.

Un peu avant l'ouverture de la Bourse,
c'est-à-dire, avant deux heures, les agens
de change, réunis dans leur cabinet, achètent et vendent au *cours moyen* des rentes
cinq pour cent consolidés, des reconnaissances de liquidation, des actions de la

7..

Banque, etc. Par cours moyen on entend un cours qui est réglé à trois heures, en prenant la moitié entre le cours le plus haut et le cours le plus bas de tous ceux qui ont été criés de deux heures à trois heures. Par exemple, si le cours le plus haut est de 74 fr. 35 c. et le cours le plus bas de 74 fr. 10 c., le cours moyen sera de 74 fr. 22 centimes $\frac{1}{2}$. Il ne se fait guère que des affaires au comptant au cours moyen ; cependant quelquefois il s'y fait aussi des opérations à terme.

A deux heures précises, le son de la cloche annonce au public l'ouverture de la Bourse ; les agens de change se rendent au parquet et y font des marchés au comptant, à terme et à prime ; ils proposent à haute voix la vente ou l'achat des effets publics ; et lorsque deux d'entre eux ont consommé une négociation, ils en donnent le cours au crieur, qui l'annonce sur-le-champ au public (1). Les cours au comptant sont les seuls criés.

_____

(1) Art. 76 de l'arrêté du 27 prairial an 10.

A trois heures la cloche sonne de nouveau ; les agens de change passent dans leur
cabinet, là ils ne font plus d'affaires au
comptant, mais ils continuent de faire des
opérations à terme, et en outre, ils négocient des lettres de change ou billets, et
tous papiers commerçables (1) jusqu'à quatre heures et demie, heure à laquelle ils se
retirent.

Comme les achats et les ventes au comptant n'ont pas besoin d'explication, nous
ne parlerons ici que des opérations à terme.

Les marchés à terme sont de deux sortes,
soit *fermes*, soit *à primes*.

Des achats ou ventes fermes.

On entend par achat ou vente ferme,
lorsque l'on achète ou lorsque l'on vend une
quantité de rentes, de reconnaissances de
liquidation ou d'actions de la Banque, dont
la livraison doit s'effectuer fin du mois courant, ou fin du mois suivant.

---

(1) Art. 76 du Code de Commerce.

Ces sortes de marchés ne se font que pour 2500, 5000, 7500, 10000 francs, etc. de rente, et ainsi de suite par multiple de 2500. Pour les reconnaissances de li-quidation, ils ne se font que pour 25000, 50000, 75000, 100000, etc., par multiple de 25000. Quant aux actions de la Banque, ils ne s'opèrent que pour 25, 50, 75, 100, etc. actions, et ainsi de suite par multiple de 25.

Des achats ou ventes à primes, autrement dits achats ou ventes libres.

Un marché *à prime*, ou marché *libre*, est un marché conditionnel qui engage le vendeur sans engager l'acheteur.

EXEMPLE.

J'achète 5000 fr. de rente à 74 fr. 60 c., dont 1 franc; c'est-à-dire, que 5000 fr. à 74 fr. 60 c. font 74600 fr.; sur ces 74600 fr. je paie 1000 fr. de suite, alors ma rente me reste au prix de 73 fr. 60 c., et je ne devrai plus payer que 73 600 fr. à l'époque convenue de la livraison, dans le cas où je prendrais la rente : car au moyen de cette prime de 1000 fr. que je paie comptant au vendeur, je suis libre de lever ou non la rente à l'époque convenue.

Les primes que l'on paie comptant varient suivant les chances de faveur qu'elles peuvent offrir; elles sont ordinairement de 50 c., 1 fr., 1 fr. 50 c., etc.

Cette faculté de pouvoir lever ou non la rente à prime, fait qu'elle est toujours plus chère que la rente ferme.

Les marchés à prime s'appliquent non-seulement aux rentes, mais encore aux reconnaissances de liquidation, aux actions de la Banque, aux obligations de la ville de Paris, et même aux actions des compagnies d'assurances.

Nous allons maintenant exposer les principes généraux auxquels se rattachent toutes les spéculations sur les effets publics.

De la liquidation de chaque mois.

Tous les marchés fermes et les marchés à primes se liquident depuis le dernier jour du mois jusqu'au 4 du suivant inclusivement, et cette époque se nomme *liquidation*. Ainsi, quand on dit acheter en liquidation de janvier, cela signifie acheter fin janvier.

La liquidation de chaque mois a lieu dans l'ordre suivant :

Le dernier jour du mois, à trois heures précises, l'on donne la réponse des primes, c'est-à-dire que les acheteurs donnent avis aux vendeurs s'ils lèvent ou non les effets qu'ils ont achetés à prime.

Le premier jour du mois suivant, on fait la liquidation des rentes.

Le deuxième jour, on opère la liquidation des reconnaissances et des actions de la Banque.

Le troisième jour les agens de change balancent leur compte et se mettent d'accord sur les différences qu'ils doivent se payer et les effets qu'ils sont convenus de se livrer.

Enfin le quatrième jour, on effectue les paiemens et les livraisons.

Si à l'époque de la liquidation, il se trouve un dimanche ou un jour férié, alors la liquidation se termine un jour plus tard.

Des opérations à la hausse.

I.

Achetez ferme, attendez la hausse, et quand elle sera arrivée au point où vous croyez qu'elle doive s'arrêter, vendez de suite.

EXEMPLE.

J'achète ferme 5000 fr. de rente à..........72 fr. 60 c. 72 600 fr.

La rente monte jusqu'à 73 fr. 80 c.

Je vends à ce prix........ 73 800

Différence qui établit mon bénéfice (1)............... 1200 fr.

_____

(1) Sur cette somme qui établit le bénéfice ainsi,

II.

Achetez ferme et vendez à prime ; car la rente à prime étant toujours plus chère que la rente ferme, vous aurez pour bénéfice la différence du prix de la rente ferme au prix de la rente à prime.

EXEMPLE.

J'achète ferme 5000 fr. de rente à......... 72 fr. 50 c. 72 500 fr.

Au même instant la rente à prime étant de 60 c. plus chère que la rente ferme, c'est-à-dire, à 73 fr. 10 c., dont 1 fr., je vends à ce prix mes 5000 fr. de rente ; ce qui fait........... 73 100

Différence qui établit mon bénéfice................ 600 fr.

que sur toutes celles qui dans les spéculations suivantes formeront les bénéfices, il faut déduire la commission due à l'agent de change qui a fait l'opération. Le droit de commission est de $\frac{1}{8}$ pour cent sur les opérations à terme, et de $\frac{1}{4}$ pour cent sur les affaires au comptant.

L'inconvénient de cette sorte d'opération, c'est que si la rente subit une baisse plus forte qu'un franc, relativement à l'exemple ci-dessus, c'est-à-dire si elle vient au-dessous de 72 fr. 10 c., l'acheteur à prime ne prend pas la rente que vous lui avez vendue à 73 fr. 10 c., dont 1 ; mais comme vous avez reçu une prime de 1000 fr., cette prime diminue d'autant le prix de la rente ferme que vous avez achetée : ainsi les 5000 fr. de rente que vous avez achetés à 72 fr. 50 c. ne vous reviennent plus qu'à 71 fr. 50 c. ; alors, pour sortir de cette opération, il faut ou vendre à perte, ou se faire reporter ; c'est ce que nous expliquerons plus bas, lorsque nous traiterons des reports.

III.

Si vous prévoyez une hausse plus forte que la différence qui existe entre la rente ferme et la rente à prime,

Achetez à prime ; puis quand vous verrez que la hausse est à son plus haut période, vendez ferme.

EXEMPLE.

J'achète à prime 5000 fr. de rente à 73 f. 10 c. dont 1 . . . .   73 100 fr.

La rente monte jusqu'à 74 f.; je vends à ce prix 74 000

Différence qui établit mon bénéfice . . . .   900 fr.

Dans cette sorte d'opération, la perte que l'on peut faire est limitée à la prime que l'on a payée. Dans l'exemple ci-dessus, ayant acheté 5000 fr. de rente à 73 f. 10 c., dont 1 franc, j'ai payé de suite 1000 fr. de prime. Si la rente, au lieu de monter, était descendue au-dessous de 72 fr. 10 c., alors me trouvant dans l'impossibilité de vendre sans aggraver ma perte, j'aurais perdu mes 1000 fr. de prime; mais si la rente, au lieu de descendre au-dessous de 72 fr. 10 c., s'était arrêtée à 72 fr. 60 c., j'aurais vendu à ce prix, et au lieu de perdre 1000 fr., je n'aurais perdu que 500 fr.

Des opérations à la baisse.

I.

Vendez ferme, attendez la baisse, et quand elle sera parvenue au point où vous croyez qu'elle doive s'arrêter, achetez de suite.

EXEMPLE.

Je vends ferme 5000 fr. de rente à 73,15. . . . .   73 150 fr.

La rente descend jusqu'à 72 fr. 40 c.; j'achète 5000 fr. de rente à ce prix. 72 400

Différence qui établit mon bénéfice. . . . .   750 fr.

II.

Achetez à prime et vendez ferme de suite, vous limitez ainsi votre perte à la différence qui existe entre la rente ferme et la rente à prime, et vous pourrez profiter de la baisse, tant grande soit-elle.

EXEMPLE.

J'achète 5000 fr. de rente à
73 fr. 25 c. dont 50 c.......   73 250 fr.

Au même instant, la rente
ferme est à 72 fr. 85 c.; je
vends de suite mes 5000 fr. de
rente ferme à ce cours......   72 850

Cette différence de.......   400 fr.
est la seule perte que je ferais, si la rente
n'arrivait pas au-dessous de 72 fr. 85 c.; mais
tant qu'elle ira au-dessous de 72 fr. 85 c.,
il y aura profit. Je suppose qu'elle descende
à 72 fr. 10 c., j'abandonne ma rente à prime,
et j'achète ferme 5000 francs de rente à ce
cours.........................   72 100 fr.

J'ai déjà vendu à 72 fr. 85 c.   72 850

Différence...............   750 fr.
Dont il faut déduire la prime
de 500 fr. que j'ai payée dans
l'achat des 5000 fr. de rente à
73 fr. 25 c., dont 50 c.......   500 fr.

Différence qui établit mon bénéfice...................   250 fr.

Des Opérations à la hausse et à la baisse.

Quand vous prévoyez que des évènemens encore indécis doivent produire de grands mouvemens sur la rente, soit en hausse, soit en baisse, pour cela achetez une quantité de rentes à prime, et vendez la moitié ferme.

EXEMPLE.

J'achète 5000 fr. de rente à 72 f. 20 c., dont 50 c.; je vends de suite la moitié, c'est-à-dire 2500 f. ferme au cours du moment, je suppose à 71 fr. 60 c......... 35 800 fr.

Si la rente monte, quand vous la croirez arrivée à son plus haut cours, vendez ferme les 2500 fr. de rentes restans, je suppose à 73 fr. 95 c................ 36 975 fr.

Mes deux ventes m'ont produit 72 775 fr.
L'achat des 5000 f. à 72 f. 20 c. dont 50 c. me revient à....... 72 200 fr.

Différence qui établit mon bénéfice...................... 575 fr.

Si au contraire la rente baisse, j'abandonne la rente que j'ai achetée à prime et je rachète ferme les 2500 fr. de rente que j'ai vendue à 71 fr. 60 c. Ainsi je suppose que la rente soit descendue à 70 fr. 05 c., j'achète ferme à ce prix 2500 f. de rentes...................... 35 025 fr.

Ces 2500 fr. se trouvent déjà vendus à 71 fr. 60 c............ 35 800 fr.

Différence................ 77 5fr.

Il faut en déduire 500 fr. de prime que j'ai payés dans l'achat des 5000 fr. à 72 fr. 20 c. dont 50 c................. 500 fr.

Mon bénéfice sera donc de.. 275fr.

N. B. L'on concevra facilement que cette dernière sorte d'opération ne peut jeter de profit que dans les grandes hausses et les grandes baisses.

Comment l'on peut convertir une opération
à la hausse en une opération à la baisse.

Supposons que j'aie acheté 5ooo fr. de
rente à 74 fr., ci . . . . 74 ooo fr.
et que la rente soit descendue
à 73 fr. o5 c. ; si je revends ces
5ooo fr. à ce prix, ci . . . . 73 o5o fr.

J'aurai un déficit de . . . . 95o fr.

Mais si la rente me paraît devoir encore
subir une baisse assez forte, au lieu de
vendre 5ooo fr. de rentes j'en vendrai
10 ooo fr., en sorte que d'un côté étant
acheteur de 5ooo fr. de rentes, et de l'autre
vendeur de 10 ooo fr. , je resterai vendeur
de 5ooo fr. à découvert, et je pourrai profiter
de toute la baisse pour regagner, et au-delà,
la perte que j'aurais pu faire.

L'on peut conclure de là que pour convertir une opération à la hausse en une
opération à la baisse, il faut vendre une

quantité double des effets publics que l'on
a achetés.

Comment l'on peut convertir une opéra-
tion à la baisse en une opération à la
hausse.

En opérant d'une manière inverse à ce
que nous avons dit ci-dessus, on peut convertir une opération à la baisse en une opération à la hausse. Par exemple, si j'ai
vendu 5000 fr. de rente à 73 fr., et que la
rente soit montée à 73 fr. 60 c., je rachète
le double, c'est-à-dire 10 000 fr. de rente
à ce prix. Or, étant d'une part vendeur
de 5000 fr. de rentes, et de l'autre acheteur
de 10 000 fr. de rentes, il en résulte que
je reste acheteur de 5000 fr. de rentes
à 73 fr. 60 c.; en sorte que la hausse, tant
élevée qu'elle arrive me couvrira, soit en
partie, soit en totalité, de la perte que
j'aurai pu éprouver primitivement dans
mon opération à la baisse, et en outre
peut me produire un bénéfice indéterminé.

Ainsi l'on voit que pour convertir une opération à la baisse en une opération à la hausse, il faut racheter une quantité double des effets publics que l'on a vendus.

Des Reports.

Chaque mois, la rente approchant de l'époque du semestre, elle acquiert une valeur croissante de mois en mois, qui établit une différence entre le prix de la rente fin du mois courant et le prix de la rente fin du mois suivant : c'est cette différence que l'on nomme *report*.

Le taux du report varie continuellement, ainsi que le cours de la rente.

On appelle *report du comptant à la fin du mois* la différence qui existe entre le prix de la rente au comptant et le prix de la rente fin du mois courant. Par exemple, si la rente au comptant est à 72 fr., et la rente fin du courant à 72 fr. 15 c., cette différence qui existe entre la rente au comptant et la rente ferme établit le report au comptant.

8..

Utilité des Reports pour spéculer sur les Fonds publics.

Je suppose que j'aie en caisse une somme de 72 000 fr., dont je n'aurai point besoin avant la liquidation courante; si le report au comptant est de 15 c., j'acheterai au comptant 5000 fr. de rente fermes à 72 fr., ci..................... 72 000 fr.
et je les revendrai fin courant,
à 72 fr. 15 c............... 72 150 fr.

Différence qui forme mon bénéfice..................... 150 fr.

Quant aux reports qui s'effectuent de mois en mois, ils se font en achetant fin du mois courant une quantité d'effets publics, et en les revendant de suite fin du mois suivant.

EXEMPLE.

Supposons que la rente fin du mois courant soit à............... 72 fr. 50 c.
et la rente fin du mois prochain à 73 fr.

Cette différence de........ 50 c.
entre le prix de la rente fin courant et celui

de la rente fin prochain établit ce qu'on appelle le taux du report.

J'achète 5000 fr. de rentes fermes fin courant à 72 fr. 50 c. . . . . 72 500 fr.

Je vends de suite ces 5000 fr. ferme fin prochain à 73 fr. . . . . . 73 000 fr.

Différence qui établit mon bénéfice. . . . .   500 fr.

72 500 fr. placés pendant un mois m'ont donc rapporté 500 fr., ce qui fait un intérêt de 8 $\frac{7}{25}$ pour cent l'an.

Les reports offrent au capitaliste les moyens de placer ses fonds sur les effets publics sans se rendre propriétaire d'aucun de ces effets, puisque étant acheteur et vendeur par la même opération, il est indifférent à la hausse et à la baisse de ces mêmes effets, et ne s'engage dans aucun risque.

Un autre avantage qu'a celui qui fait un report, c'est qu'étant par cette opération vendeur à une époque déterminée, il peut toujours profiter d'une grande baisse en rachetant pour cette même époque les rentes qu'il a vendues, et par là en devenir propriétaire.

. Les reports s'appliquent aux reconnaissances de liquidation et aux actions de la
Banque.

Des reports sur prime.

On appelle *report sur prime* quand l'on
achète la rente ferme fin du mois courant,
et qu'on la vend à prime fin du mois suivant. Comme la rente à prime se vend toujours plus cher que la rente ferme, il résulte
de cette opération que le report se trouve à
un taux plus élevé; mais aussi, en cas de
baisse, l'on court la chance de ne pas voir
sa rente levée; alors on reste acheteur de
rente ferme, mais dont le prix se trouve
toujours baissé du prix de la prime que l'on
a touchée.

EXEMPLE.

Je suppose que la rente ferme fin du mois
courant soit à 72 fr. 10 c., et que la rente à
prime fin du mois prochain soit à 72 f. 95 c.,
dont 1 franc.

J'achète 5ooo fr. au cours de
72 fr. 10 c.................... 72 100 fr.
 Je revends fin prochain à
72 fr. 95 c., dont 1 fr........ 72 950 fr.
 Différence qui établit mon bénéfice...................... 85o fr.

Dans le cas où on ne leverait pas la rente
fin du mois prochain, alors je resterais acheteur de 5ooo fr. de rentes à 72 fr. 10 c.;
mais comme j'aurais touché une prime de
1 fr., ma rente ne me coûterait réellement
que 71 fr. 10 c.

Ce genre de report est bon, comme je l'ai
observé précédemment, pour ceux qui ne
craignent point de se trouver acheteurs
d'effets publics; il a l'avantage d'offrir un intérêt plus fort que les reports sur rente
ferme, pour ceux qui veulent faire valoir
leurs capitaux.

Règle pour trouver l'intérêt pour cent l'an
que produit un Report.

Dites : le montant de l'achat est à la différence entre le montant de l'achat et le

montant de la vente, comme 1200 est au taux de l'intérêt cherché.

Dans l'exemple cité page 93, le montant de l'achat est de............... 72 500 fr.
   Celui de la vente.......... 73 000 fr.

La différence de........... 500 fr.
représente l'intérêt de 72 500 fr. pendan un mois. Pour connaître le taux de l'intérêt on posera la proportion

$$72500 : 500 :: 1200 : x = \frac{500 \times 1200}{72500} = \frac{600000}{72500}$$
$$= 8,27 = 8\frac{7}{25},$$

intérêt pour cent l'an que donne un report de 50 c., en supposant la rente fin courant à 72 fr. 50 c.

Il suit de là que pour trouver l'intérêt que produit un report, on peut établir la règle pratique suivante : Prenez la différence entre le montant de l'achat et le montant de la vente, multipliez cette différence

par 1200, et divisez le produit qui en résulte par le montant de l'achat.

Pour épargner au lecteur la peine de faire ce calcul et pour lui indiquer de suite le taux de l'intérêt pour cent l'an que produit un report n'importe quel soit le prix de la rente ou le taux du report, nous avons calculé le tableau ci-joint.

EXPLICATION DU TABLEAU DE L'INTÉRÊT DU REPORT.

La ligne horizontale AB, indique le prix de la rente prise de 5o en 5o centimes depuis 65 francs jusqu'à 85 francs (1) et la colonne verticale AC, désigne le taux du report depuis 5 centimes jusqu'à 1 franc.

EXEMPLE.

Si l'on veut savoir quel est l'intérêt d'un report de 4o centimes quand la rente est

---

(1) On a pris la rente de 5o en 5o centimes, ce qui est suffisant pour les recherches que l'on peut avoir à faire, car si on l'avait prise à des taux plus rapprochés il n'y aurait pour ainsi dire pas eu de différence dans les taux d'intérêt.

à 75 francs; cherchez le nombre 40 dans la colonne AC, suivez la ligne horizontale jusqu'à la rencontre de la colonne où se trouve 75 francs (prix supposé de la rente) et à l'angle de ces deux colonnes vous trouvez 6, 40(1) pour le taux de l'intérêt d'un report de 40 centimes, la rente étant prise à 75 francs.

Utilité des Reports pour prolonger une opération à la hausse.

Je suppose que j'aie acheté 5000 fr. de rente à 72 fr. 50 c., ci . . . . 72 500 fr. et que la rente soit descendue à 72 fr.; je ne puis pas revendre les 5000 fr. de rente que j'ai achetés sans éprouver une perte qui serait de 500 fr.; mais persuadé que la hausse doit se déclarer plus tard, alors je veux continuer mon opération; pour.

(1) En réduisant la fraction décimale en fraction ordinaire, on aura $6\frac{2}{5}$ pour le taux de l'intérêt cherché.

Report....... 72 500 fr.

cela je vends à 72 fr., ci..... 72 000 fr.
les 5000 fr. de rente que j'ai
achetés, et en même temps je
rachète 5000 fr. de rente fin du
mois suivant, à 72 fr. 40 c. (1),
et je paie en liquidation une différence de.................... 500 fr.
au moyen de laquelle je me trouve encore
acheteur fin du mois suivant de 5000 fr. de
rente à 72 fr. 40 c.; c'est ce que l'on appelle *se faire reporter*, c'est-à-dire continuer une opération, et l'on peut prolonger
ainsi une affaire tant que l'on veut, en se
faisant reporter de mois en mois.

Utilité des Reports pour prolonger une
opération à la baisse.

J'ai vendu à découvert 5000 fr. de rente
à 72 fr., ci.................... 72 000 fr.
Supposons que la rente soit mon-

_____

(1) On suppose que le report soit à 40 c., c'est-à-
dire qu'il y ait 40 c. de différence entre le prix de
la rente fin du mois courant et celui de la rente fin du
mois suivant.

Report....... 72 000 fr.

tée à 73 fr. 55 c., mais croyant
toujours à la baisse, je veux prolonger mon opération; alors j'a-
chète 5000 fr. de rente au cours
de 73 fr. 55 c., ci........... 73 550 fr.

Si le report est à 40 c. je vends
fin du mois suivant 5000 fr. de
rente à 73 fr. 95 c., et en liquidation je devrai payer une différence de................. 1550 fr.

au moyen de quoi je reste vendeur fin du
mois suivant, à 73 fr. 95 c.

*Autre moyen de prolonger une opération
à la hausse.*

Je suppose qu'étant acheteur
de 5000 fr. de rente à 74 fr.... 74 000 fr.
la rente descende à 73 fr.; soutenu
par l'idée que la hausse reviendra
et ne voulant point sortir de
mon opération, j'achète encore
5000 fr. de rente à ce cours
de 73 fr.................... 73 000 fr.

Ainsi je serai acheteur de 10 000 fr. de rente qui me reviendront à un prix commun de 73 fr. 50 c., en sorte que si la rente monte au-delà de 73 fr. 50 c. je pourrai vendre avec bénéfice les 10 000 fr. de rente dont je serai acheteur, c'est ce qu'en terme de bourse, l'on appelle se *faire une commune.*

Autre moyen de prolonger une opération à la baisse.

En suivant le même principe que nous avons établi ci-dessus et l'appliquant dans un sens inverse, on trouvera un nouveau moyen de prolonger une opération à la baisse.

EXEMPLE

J'ai vendu 2500 fr. de rente à
73 fr. 80 c.................. 36 900 fr.
la rente monte jusqu'à 74 f. 60 c.
je vends encore 2500 de rente
à ce cours de 74 fr. 60 c...... 37 300 fr.

En sorte que je me trouverai vendeur de 5000 fr. de rentes au prix moyen de 74 f. 20 c. Dans ce cas admettant la baisse de la rente au-dessous de 74 fr. 20 c. je pourrai racheter avec bénéfice les 5000 fr. de rente dont je serai vendeur.

Des facilités qu'a le propriétaire d'effets publics pour se procurer des fonds.

Vendez au comptant et rachetez en même temps fin du mois courant ou fin du mois suivant, ou bien pour se servir de termes de bourse, faites-vous *reporter du comptant* à la fin du mois courant ou du mois prochain.

EXEMPLE.

J'ai besoin d'argent, jusqu'à la fin du mois prochain, je vends 5000 fr. de rente au comptant au cours de 74 fr. . . . . 74 000 fr. et en même temps je rachète 5000 fr. de rente fin du mois prochain au cours de 74 fr. 35 c. (1) 74 350 fr.

Différence. . . . . 350 fr.

(1) On suppose que le report du comptant, à la fin du mois prochain, est de 35 centimes.

Ainsi pour une somme de 350 fr. et avec une inscription de 5000 fr. je me serai procuré 74 000 fr. d'ici à la fin du mois prochain; en évaluant l'intérêt pour cent l'an que me coûte cet argent d'après la règle indiquée page 95, je trouve 5,67 ou $5\frac{34}{37}$ d'intérêt.

Cette sorte d'opération peut s'appliquer aux reconnaissances de liquidation, aux actions de la Banque, et en général à toutes sortes d'effets publics.

DES COULISSIERS.

On appelle *Coulissier* un agioteur qui achète fin du mois courant une quantité de rentes que souvent il n'a ni l'intention, ni la faculté de payer, et qui doit en conséquence les vendre également fin du mois, ou à profit ou à perte, afin de remplir ses engagemens; ou bien un agioteur qui a vendu une quantité de rentes qu'il n'a pas, et qu'il est obligé d'acheter avec perte ou bénéfice, pour se liquider et faire honneur à ses affaires.

Les coulissiers font entre eux les mêmes opérations que les agens de change, et en outre beaucoup d'autres, telle que des primes pour recevoir (dont nous parlerons plus bas), des achats et des ventes à prime pour trois heures, quatre heures ou quatre heures et demie, dans le même jour et dans la même bourse, ou bien pour deux jours, trois jours, quatre jours, etc. Ils vendent et achètent aussi des rentes à trois, quatre, cinq et six mois de terme, sortes d'opérations illégales que l'on ne fait point au parquet.

Les opérations faites par les coulissiers sont immenses; aussi ne laissent-elles pas souvent de contribuer au mouvement de la rente; car la plupart de ceux qui spéculent sur les fonds publics inventent ou accréditent de bonnes ou mauvaises nouvelles, pour faire monter ou baisser les fonds suivant leur intérêt respectif: de là est venu que l'on nomme *bruit de Bourse* toutes les nouvelles fausses qui s'y débitent.

Ceux qui font des affaires avec les coulis-

siers ne sauraient y mettre trop de pru-
dence, car leurs opérations n'étant point
permises par les lois, il en résulte que la
bonne foi et le sentiment de l'honneur sont
les seules garanties sur lesquelles reposent
l'exécution de leurs marchés : aussi vaut-il
toujours mieux employer le ministère d'un
agent de change qui, revêtu d'un caractère
d'autorité, et honoré de la confiance publique, offre une responsabilité morale que
l'on chercherait vainement ailleurs. Cette
responsabilité est en outre garantie par le
cautionnement (1) que l'agent de change
verse à la Caisse des dépôts et consignations.

Des primes pour recevoir.

Par *prime pour recevoir* on entend un
marché conditionnel, où l'acheteur, au
moyen d'une prime que lui paie le vendeur, est tenu de recevoir de ce dernier, à
un prix convenu et au jour et heure indi-

---

(1) Ce cautionnement est de 125 000 fr.

qués, la quantité de rentes qui lui a été
vendue.

Ce marché engage l'acheteur sans engager le vendeur, qui conserve la faculté de
livrer ou non les rentes qu'il a vendues.

Je reçois 10 centimes pour lever demain,
à trois heures, 5000 fr. de rente à 74 fr.

Si demain à trois heures la rente est au-
dessus de 74 fr., il est évident que le vendeur m'abandonnera la prime qu'il m'a
payée, car il serait contraire à ses intérêts
de me livrer à 74 fr. de la rente qui, au
moment de la réponse de la prime serait à
un prix supérieur.

Mais si à trois heures, au contraire, la
rente se trouve, je suppose, à 73 fr. 70 c.,
le vendeur me forcera de recevoir les 5000 fr.
de rentes qu'il m'a vendues à 74 fr., parce
que pouvant racheter à 73 fr. 70 c., les
5000 fr. de rentes qu'il m'a vendues à 74 fr.,
il aura un bénéfice de 30 centimes; desquels
il faut retrancher les 10 centimes de prime

par lui payés, ce qui met son bénéfice à 20 centimes sur la rente, ou 200 fr. de capital.

Cette sorte d'opération, qui est l'inverse de celle expliquée page 78, n'est pratiquée que par les coulissiers.

Considérations générales sur les causes qui peuvent produire la hausse ou la baisse.

Il est évident que les propriétaires d'inscriptions, étant créanciers de l'État, la hausse et la baisse de la rente est subordonnée aux évènemens politiques, et au degré de confiance que l'on a dans le Gouvernement.

Lorsque la rente est beaucoup plus chère au comptant que fin du mois, c'est ordinairement un présage de hausse, parce que cela annonce que la rente est recherchée par ceux qui l'achètent pour la garder, car ce qui établit réellement le cours des effets publics, ce sont plutôt les opérations au comptant, que les achats et les ventes à termes, qui se compensant la plupart, nécessitent peu de livraisons; de là il arrive que quand de forts capitalistes lèvent en liquidation une grande quantité de rentes, il s'ensuit presque toujours une hausse, de même que quand ils font de nombreuses livraisons, la baisse devient presque certaine.

Le taux du report d'un mois à l'autre peut aussi être considéré comme un signe indicateur de hausse ou de baisse, car il faut considérer deux choses sur la place, l'argent et les rentes.

Le spéculateur, qui n'est pas en état à l'échéance de son marché de lever les rentes qu'il a achetées, cherche à se faire reporter, il faut donc qu'il trouve quelqu'un qui veuille bien lever pour lui les rentes dont il est acheteur, et les lui revendre fin du mois suivant, avec une différence de prix que l'on nomme report, et qui est à l'avantage de celui qui lève l'inscription. Si l'argent est abondant, il est clair qu'il trouvera à se faire reporter à un taux modéré; mais s'il est rare, le taux sera plus cher; ainsi le report pouvant indiquer si l'argent est abondant ou non sur la place, on peut en conclure que quand le report est bas, cela annonce une grande quantité d'argent, et cette grande quantité d'argent absorbe la rente et la fait monter, tandis qu'au contraire, quand le report est élevé, l'argent est rare, les rentes qui arrivent sur la place ne se trouvant plus soutenues par les capitaux, elles ne peuvent que baisser.

FIN.

TABLE

DES MATIÈRES.

PREMIÈRE PARTIE.

DES FONDS PUBLICS EN FRANCE.

SECONDE PARTIE.

DES OPÉRATIONS DE LA BOURSE DE PARIS.

FIN DE LA TABLE.

On trouve chez le même Libraire les Ouvrages suivans.

MANUEL DE L'ART DU DÉGRAISSEUR, ou instruction sur les moyens d'enlever soi-même toutes sortes de taches; seconde édition, revue, corrigée et augmentée d'un APPENDICE sur la manière de blanchir le papier et d'enlever les taches d'encre, de graisse, de cire ou d'huile, sur les livres et estampes; par L. SÉB. LE NORMAND, etc., vol. in-12, 1819. Prix, 2 fr.

CALCUL FAIT DES PIEDS DE FER suivant leur épaisseur et largeur, réduits aux poids, à l'usage des serruriers, architectes, toiseurs, qui sont souvent chargés de faire des devis et marchés concernant la serrurie, à la suite duquel on trouvera des tarifs à tant la livre et à tant le cent, etc.; par BABLOT, nouvelle édition augmentée de plusieurs tables, 1 vol. in-12, 1820. Prix, 2 fr. 50 c.

ÉCOLE DE LA MINIATURE, ou l'art d'apprendre à peindre sans maître, nouvelle édition, revue, corrigée et augmentée de la méthode pour étudier l'art de la peinture, tant à fresque, en détrempe et à l'huile que sur le verre, en émail, mosaïque et damasquinure, 1 vol. in-12, fig., 1816. Prix, 3 fr.

Sous presse.

ÉLÉMENS D'ARITHMÉTIQUE, pour servir d'introduction à l'étude des Mathématiques, avec un grand nombre de Problèmes relatifs aux arts et au commerce; le calcul des Changes étrangers et des Arbitrages de banque, et des Tables de comparaison pour les poids, les mesures et les monnaies de la France et des pays étrangers, vol. in-8°; par C. BRESSON.

ÉLÉMENS DE LA TENUE DES LIVRES, contenant l'exposition des principales opérations de commerce et de banque; les principes de la tenue des livres, en parties simples et en parties doubles; une suite d'opérations, puisées dans des affaires réelles, rapportées sur les livres auxiliaires et principaux; la manière de régler les comptes, de faire les balances, les inventaires et états de situation; par le même.

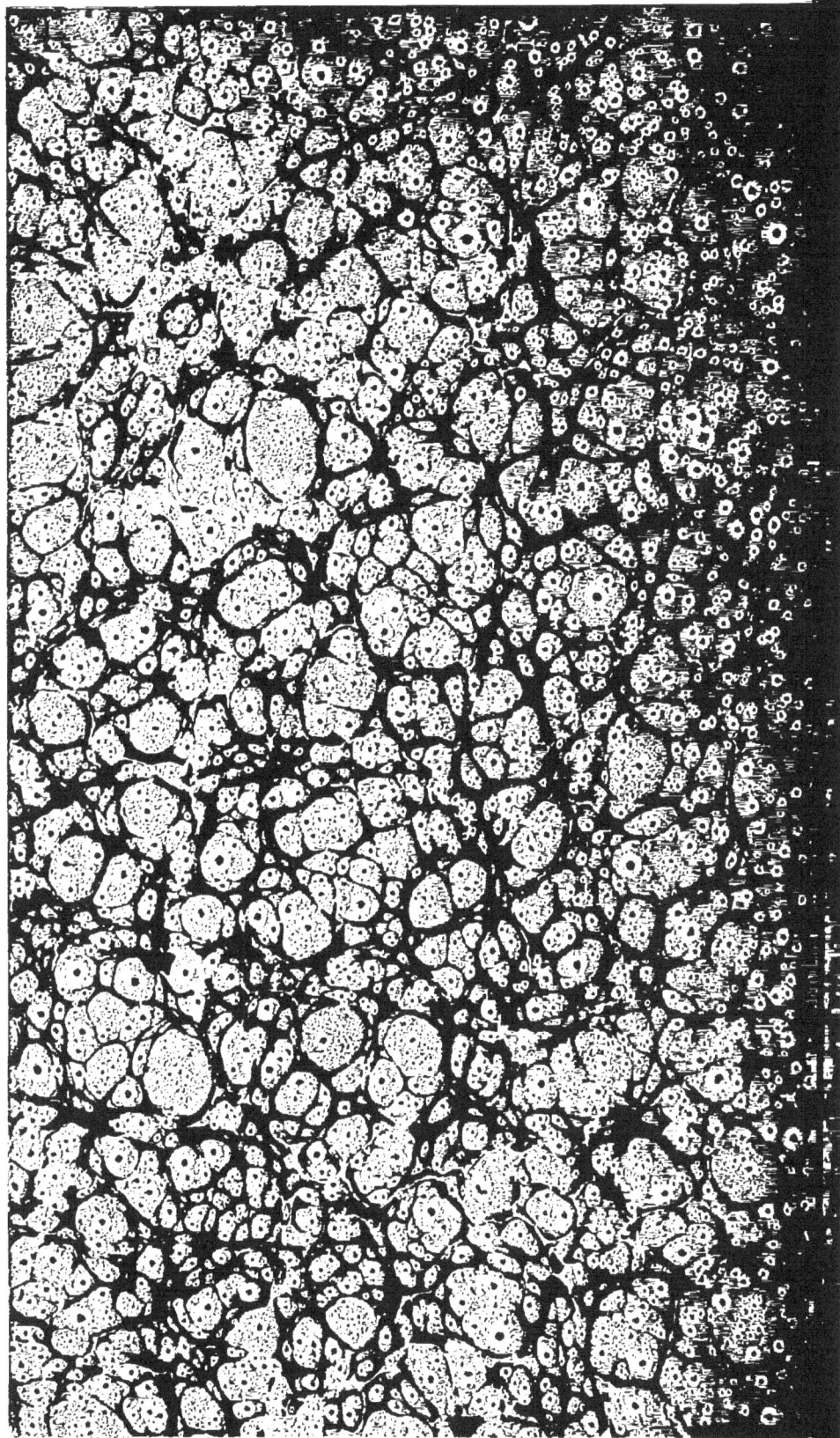

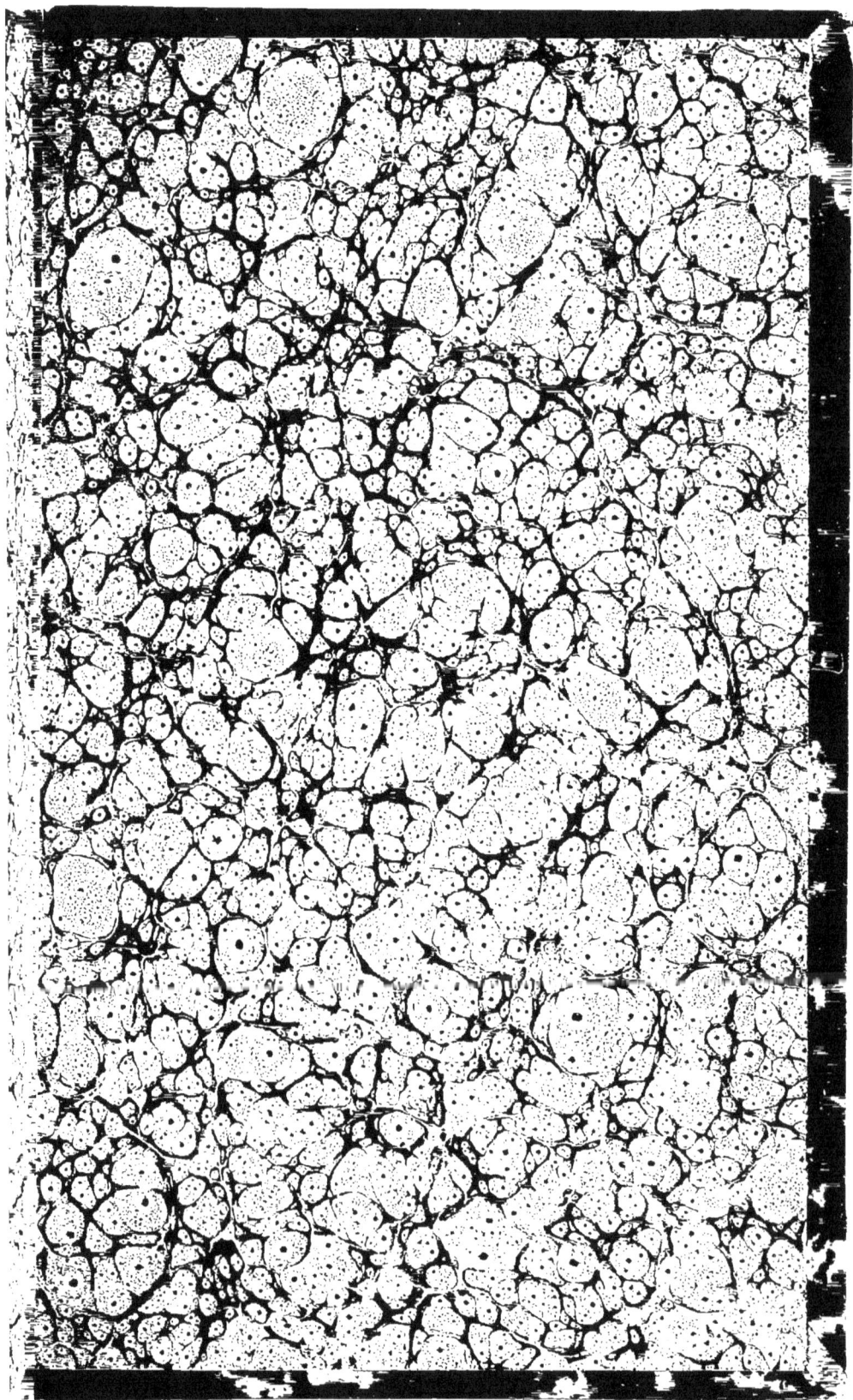

www.ingramcontent.com/pod-product-compliance
Lightning Source LLC
Chambersburg PA
CBHW062043200326
41519CB00017B/5122